動物キャラナビシリーズ

人間関係の
イライラがゼロになる!

個性
心理学

本当の自分と相手を知れば、
すべてがうまくいく!

個性心理學研究所 所長
弦本將裕

日本文芸社

はじめに

「アキラメル」と人間関係のストレスは激減する

会社や学校で、「近くにあの人が座っていると、妙に落ち着く」、または「あの人の隣では気になって仕事や勉強に全然集中できない」「なんだか、ザワッとする」などということはありませんか。

何人かでレストランに入っても、同じことが起こります。妙に居心地のいい席順、どうも落ち着かず、気が乗らない席順。

この差はなんだと思いますか？

答えは目に見えない「相性」です。

「あの人とはどうも相性が合わないから、話していると疲れる」

「元彼って、イケメンでビジュアル的には申し分がないのに、相性が悪くて長続きしなかった」

「嫌いじゃないのに、○○ちゃんのママと話していると、なぜかイラッとする」

このように「相性が悪い」「私とは違う種類の人」と相手の個性を受け入れず拒否してしまうと、うまくいくはずの人間関係はこじれるばかりです。


まったく折り合わない人間関係の悩みを聞くたびに、私だったらどうするかを考えます。

それは「アキラメル」こと。

一般的には「諦める」は、希望や見込みがないと思ってやめたり断念することで、あまりいい言葉のイメージではありません。しかし私が思う「アキラメル」は「明らかに認める」という意味を持ちます。


人にはそれぞれ個性があります。それを「明らかに認める」のです。自分を押し殺して、相手の言いなりになって、仕方なく合わせることとは違います。

例えば私が桜の木だとします。2月に、満開になった梅の木を多くの人が囲んで「きれい……」と口々に称賛しているのを見て、まだつぼみも付けていない桜の私は、梅をうらやましがったり、梅になりたいとは思いません。なぜなら自分は、４月になれば、梅とは違う美しさで咲き乱れることを知っているからです。

つまり個性を「明らかに認めて受け入れる」こと。梅は梅、桜は桜の違う美しさがあり、咲く時期も異なり、個性があるからです。こうして「アキラメル」ことこそが、ストレスから解放されるいちばんの方法なのです。

では、どうしたら「明らかに認めて受け入れる」ことができるのでしょうか。それには自分についても相手についても、どういう特徴をもっているのか、どういう思考回路なのか、どんな言葉に反応するのか、「地雷」は何なのかを知っておかねばなりません。

私が「アキラメル」ことができるのは、人並み外れた観察眼をもっているからではなく、多くの人の性格分析をしている心理学者であるからでもありません。

それは「個性心理学」のおかげなのです。「個性心理学」は個性をいろいろなパターンに分類することで、その人らしさを知ることができる実学です。

明らかに考え方の違う人、価値観の違う人の個性は変えることができません。だから「アキラメル」のです。

「個性心理学」で人間関係のイライラをゼロに

「アキラメル」と人間関係の摩擦《まさつ》が少なくなり、人間関係がスムーズにいき、ストレスが減るだけではなく、もっといいことが芋づる式に付いてきます。


仕事なら、信頼される、大きな仕事を任される、評価が上がる。

友達関係なら、頼られる、好かれる、相談される。

男女関係なら、モテる。


人に慕われることほど幸せなことはないと思います。

「アキラメル」ためには、まずは、「個性」を知ることです。

でも決して、自分と相手の個性の違いに目を向けて、相手を否定してはいけません。そうすると、相手に敵対意識をもって見てしまい、責めてしまいます。

個性を知って共通点を見つけることが、「個性心理学」の最大の特徴なのです。共通点を見つけると、人と人の心の距離はぐっと縮まります。

ちなみに、「個性心理学」を活用しているスナックやクラブでは、惹《ひ》かれ合う個性の人同士を隣に座らせたり、ぶつかり合う個性の人を離して座らせることで、だれもが居心地がよく、楽しい時間を過ごせます。

1対1の人間関係だけでなく、多くの人間関係をもコントロールできてしまうのです。そして大いに話は盛り上がり、私はそのお店では、ちょっとした人気者となっています。

「個性心理学、知っていると喜劇、知らないと悲劇」

今、心に少しでもストレスを抱えている方、ぜひ「個性心理学」を知って、コミュニケーションに活かしてください。そして、人間関係のイライラをゼロにして、笑いの絶えない人生を送っていただきたい、私は切にそう願います。

個性心理學研究所 所長　弦本將裕

人間関係のイライラがゼロになる！　個性心理学　もくじ

PART2 中級編
人間関係をスムーズにする6つの分析理論

PART3 上級編
運気のリズムで幸運をつかむ

付録

PART 1 初級編

動物キャラで自分と相手の個性を知る

心の合鍵を手に入れると人生は豊かになる

▼四柱推命や行動心理学から生まれた「個性心理学」

ストレス社会と言われる現代、その原因の多くを占めるのが「人間関係」です。

「なぜあの人と合わないのだろう」

「どうしてイライラするんだろう」

そんな悩みを抱えながら、時に自分を責め、相手を責めて自己嫌悪に陥るという負のスパイラル。このスパイラルをひとつずつ紐解《ひもと》いていければ、生きていくことはもっとラクになるはずです。


一度にすべてのことを解決することはできません。相手をなんとか受け入れようと、自分の気持ちを押し殺し、我慢をして相手にばかり合わせていたら、いつか心がパンクします。そうならないためにはどうしたらいいのでしょうか。

相手をなんとか理解する前に、まずは自分を理解すること、受け入れることが大切です。相手を理解するのはそれから。こうして一歩一歩、自分と相手がわかることで、格段にストレスが減っていきます。

自分や相手を知る手段が「個性心理学」です。「個性心理学」はさまざまな方法で、個性を分類します。その方法は中国4000年の歴史の中で統計学とされてきた四柱推命《しちゅうすいめい》をベースとして、行動心理学の考え方なども取り入れた奥深い実学なのです。

▼分類することで個性が明確になる

まずは自分を知るために、「**12動物**」「**60パターン**」に分類します。それをもとに、人間関係を築くうえでの力関係を「**MOON**」「**EARTH**」「**SUN**」の3分類にします。また、行動パターンを「**目標指向型**」「**状況対応型**」の2分類に、思考回路を「**未来展望型**」「**過去回想型**」の2分類に、思考パターンを「**右脳型**」「**左脳型**」とに分けます。

これだけでも、何千パターンもの個性が立体的になります。

個性を知るだけが「個性心理学」ではありません。大事なことは、相手を受け入れるために、気になる相手と自分の個性の共通点を見つけだすことで、人間関係の衝突を避けるのです。

人には100個以上もの心のボタンがあります。押せば喜ぶもの、悲しくなるもの、怒りを感じるものがありますが、地雷となるものはたったの5つくらいしかありません。この地雷のボタンを押してしまうことが人間関係の摩擦《まさつ》です。それは相手との相違点ばかりが気になり、敵対心を抱いているから地雷を踏んでしまうのです。

しかし、共通点や、共感できる点があれば、連帯感が生まれたり、急に距離が縮まります。例えば、初対面の人でも、同じ地方出身だとわかると、すぐに仲良くなれるのはそのためです。性格・行動・心理・思考パターンの分析で、自分と相手の「ある、ある」を見つけられれば、人間関係はもっとスムーズになり、交渉力、接客力、恋愛力などが驚くほど上がるはずです。

▼ヒトの取扱説明書を手にすると、笑いがこみ上げる人生に

相手の個性がわかって、共通点を見いだせると、どんなことで相手は喜ぶのか、どんなこと

でイラッとするのか、その傾向が見えてきます。「個性心理学」は、いわばヒトの〝トリセツ〟（取扱説明書）。取り扱い方がわかれば、相手を不快にさせることが減り、良好な人間関係を築きやすくなります。また、怒りや悲しみでガチガチになった心や、閉ざそうとしている心の扉を開けられるのです。「個性心理学」の実践は、心の合い鍵を手に入れて相手の心を開くことができるのです。

最初は苦手な相手、攻略しづらい相手、落としづらい相手だとしても、その人の取り扱い方法がわかると、面白いほど手のひらでコロコロ転がせるのです。

私の場合は、この人はこんなことを言ったら喜ぶだろうな、とわかると、相手をいい気持ちにさせたくなります。そして喜ぶツボを押すと、案の定、相手は上機嫌になります。相手のことが手にとるようにわかると、思わず笑いがこみ上げてきます。

また、運気のリズムを知ることができるのも「個性心理学」の大きな特徴です。日々変わる運気を事前に知っておくことで、好機を逃すことがありません。

「個性心理学」は、あなたの人生をより豊かにする実学なのです。

「動物キャラナビ」は個性を知る心の科学

▼「動物キャラナビ」は生年月日から個性を導き出す「バースデイサイエンス」

「個性心理学」は、海外では「CARANAVI《キャラナビ》」として広く知られています。これは「キャラクター・ナビゲーション」の略です。もちろん日本でも「動物キャラナビ」として多くの書籍が発売されているので、ご存じの方も多いと思います。

自分や相手を知る最初の手がかりとして、「生年月日」をもとに、12の動物に分類、さらにそれぞれの動物を4もしくは6分類にして合計60の動物に当てはめて、象徴的な「個性」を詳しく分析したのが「動物キャラナビ（キャラクター・ナビゲーション）」です。

「生年月日」は、大切な命がこの世に誕生した特別な日です。地球がぐるりと1回転して1日。月が自転しながら地球の周りを1周してひと月。地球が自転しながら太陽の周りを1周して1

年。あなたは過去のある瞬間、地球と月と太陽が特別な位置関係をもったときにこの世に生まれました。

多くのデータを検証した結果、「動物キャラナビ」は、命がこの地球上に生まれた瞬間の「太陽と月の位置」が、個人の性格に大きな影響を与えていると考えています。

〝自分〟にはいろいろな側面がある

多くの人は相手のことばかりか、自分のことすらわかっていません。

あなたには「あなただけが知っている自分」「あなたも他人も知っている自分」「他人だけが知っている自分」「誰も知らない自分」の4つの自分がいます。このうち、あなたが知っている〝自分〟は、わずかふたつだけです。

「私のことを誰も理解してくれない」「あの人と付き合っていると、私は無理をしてるみたい」「普通ならこう考えるのに、なぜ、あの人は違うんだろう」……そんなふうに悩んでいるなら、それは知らないうちに幸福を阻《はば》むストレスの種をまいているのです。

「動物キャラナビ」で自分の本質を知ることは、自分を客観視できるいいチャンス。人は他人の欠点や、苦手な部分は絶対に本人に言うことがありません。

狼からペガサスまで12の動物キャラが性格を示す

▼12の動物キャラは四柱推命の考え方がベース

「個性心理学」では、自分や相手がどのような個性をもっているのかをイメージしやすくするために、イメージ心理学の手法を取り入れて、人間の個性を12の動物キャラクターに当てはめています。

「**狼・こじか・猿・チータ・黒ひょう・ライオン・虎・たぬき・子守熊《コアラ》・ゾウ・ひつじ・ペガサス**」の12動物たちですが、その動物たちをさらに円グラフで表示しています。

この考え方のベースは四柱推命です。12の動物キャラは19ページの図のように、「狼」から「ペガサス」まで「循環する環」になって並んでいます。四柱推命の12星運、胎《たい》・養《よう》・長生《ちょうせい》・沐浴《もくよく》・冠帯《かんたい》・建禄《けんろく》・帝旺《ていおう》・衰《すい》・病《びょう》・死《し》・墓《ぼ》・絶《ぜつ》に、「狼」から「ペガサス」までの12動物が当て

12の動物キャラの基本サークル

はまるのですが、このままだと「病」や「死」「墓」など、マイナスのイメージが相手に伝わってしまいますので、動物に置き換えたのです。

　この円グラフは、「すべては循環する」という考え方をもとに並んでいます。「不変なものは何ひとつなく、すべては生まれ、栄え、絶えて再び生まれる」という意味です。

　そして「盛衰を繰り返して循環する宇宙のエネルギー」に呼応するもので、宇宙のエネルギーは「虎」で最高潮に盛り上がります。それを人の一生に例えると、動物キャラの性質がよくわかります。

12動物がもつ、それぞれのイメージ

では、12動物を一生に例えて、それぞれのキャラの性質をみていきましょう。

・狼……………胎児。お母さんのお腹の中で羊水に包まれて誕生を待っています。
・こじか………赤ちゃん。生まて愛情たっぷりと育てられています。
・猿……………小学校3年生。元気に遊びまわっている子どものイメージです。
・チータ………高校3年生。受験に、恋愛にと忙しく毎日をエンジョイしています。
・黒ひょう……二十歳。肉体的には大人だけど、まだ精神的には幼さがあります。
・ライオン……エリートビジネスマン。プライドが高く、礼義礼節を身に付けています。
・虎……………社長。人生を昇りつめて、地位もお金も名誉も手にしています。
・たぬき………会長。人生を達観して、何があっても動じることがありません。
・子守熊《コアラ》……寝たきり老人。ボーッと空想の中に浸って穏やかに暮らしています。
・ゾウ…………危篤状態。徹夜も平気で努力します。待たされるとキレてしまいます。
・ひつじ………葬られた状態。墓地に沢山の墓があるように、群れて行動します。
・ペガサス……魂。肉体は土に返って魂だけになった状態。宇宙を彷徨《さまよ》っています。

このようにとらえると、動物キャラクターの特徴がとてもよくわかります。

また、これらの動物たちを「MOON」「EARTH」「SUN」の3分類に分けています。

MOON……こじか・黒ひょう・たぬき・ひつじ

「いい人チーム」と呼ばれています。このグループは、基本的にひらがなで表記しています。

EARTH……狼・猿・虎・子守熊《コアラ》

「しっかり者チーム」と呼ばれています。このグループは、漢字で表記されています。

SUN……チータ・ライオン・ゾウ・ペガサス

「天才チーム」と呼ばれています。このグループは、カタカナで表記されています。

これらの動物たちは、同じ数で存在している訳ではありません。

目標指向型に分類される「狼・猿・虎・子守熊《コアラ》・黒ひょう・ひつじ」のグループは、それぞれ6種類のキャラクターとなります。

状況対応型に分類される「チータ・ライオン・ゾウ・ペガサス・こじか・たぬき」のグループは、それぞれ4種類のキャラクターとなり、合計すると、全部で60分類となります。

この分類を把握しておけば、自分と相手の個性が「立体的に」浮かび上がってくるのです。

まずは自分の動物キャラを22〜27ページでチェックしてみましょう。

あなたの動物キャラは何？

60分類キャラクター換算表・対応表

❶ 次のページからの60分類キャラクター換算表を見て、誕生年と誕生月の交わるところの数字を求めます。

例）Aさん：1982年7月7日生まれ ➡ 21
Bさん：1983年12月24日生まれ ➡ 59

❷ 生まれた日に、❶で求めた数を足します。

例）Aさん：7（生まれた日）+21（❶で求めた数）＝28
Bさん：24（生まれた日）+59（❶で求めた数）＝83
※Bさんのように合計数が61以上になった場合は合計数から60を引きます。

❸ ❷で求めた数は26〜27ページの60分類キャラクター対応表の番号の欄から見つけます。

例）Aさん：28（番号）➡ 優雅なペガサス（ペガサス）
Bさん：23（番号）➡ 無邪気なひつじ（ひつじ）

動物キャラナビ60分類キャラクター換算表

西暦／元号	1月	2月	3月	4月	5月	6月	7月	8月	9月	10月	11月	12月
1938（昭和13年）	29	0	28	59	29	0	30	1	32	2	33	3
1939（昭和14年）	34	5	33	4	34	5	35	6	37	7	38	8
1940（昭和15年）※	39	10	39	10	40	11	41	12	43	13	44	14
1941（昭和16年）	45	16	44	15	45	16	46	17	48	18	49	19
1942（昭和17年）	50	21	49	20	50	21	51	22	53	23	54	24
1943（昭和18年）	55	26	54	25	55	26	56	27	58	28	59	29
1944（昭和19年）※	0	31	0	31	1	32	2	33	4	34	5	35
1945（昭和20年）	6	37	5	36	6	37	7	38	9	39	10	40
1946（昭和21年）	11	42	10	41	11	42	12	43	14	44	15	45
1947（昭和22年）	16	47	15	46	16	47	17	48	19	49	20	50
1948（昭和23年）※	21	52	21	52	22	53	23	54	25	55	26	56
1949（昭和24年）	27	58	26	57	27	58	28	59	30	0	31	1
1950（昭和25年）	32	3	31	2	32	3	33	4	35	5	36	6
1951（昭和26年）	37	8	36	7	37	8	38	9	40	10	41	11
1952（昭和27年）※	42	13	42	13	43	14	44	15	46	16	47	17
1953（昭和28年）	48	19	47	18	48	19	49	20	51	21	52	22
1954（昭和29年）	53	24	52	23	53	24	54	25	56	26	57	27
1955（昭和30年）	58	29	57	28	58	29	59	30	1	31	2	32
1956（昭和31年）※	3	34	3	34	4	35	5	36	7	37	8	38
1957（昭和32年）	9	40	8	39	9	40	10	41	12	42	13	43
1958（昭和33年）	14	45	13	44	14	45	15	46	17	47	18	48
1959（昭和34年）	19	50	18	49	19	50	20	51	22	52	23	53
1960（昭和35年）※	24	55	24	55	25	56	26	57	28	58	29	59
1961（昭和36年）	30	1	29	0	30	1	31	2	33	3	34	4
1962（昭和37年）	35	6	34	5	35	6	36	7	38	8	39	9
1963（昭和38年）	40	11	39	10	40	11	41	12	43	13	44	14
1964（昭和39年）※	45	16	45	16	46	17	47	18	49	19	50	20
1965（昭和40年）	51	22	50	21	51	22	52	23	54	24	55	25
1966（昭和41年）	56	27	55	26	56	27	57	28	59	29	0	30
1967（昭和42年）	1	32	0	31	1	32	2	33	4	34	5	35
1968（昭和43年）※	6	37	6	37	7	38	8	39	10	40	11	41

※はうるう年なので2月は29日まであります

動物キャラナビ60分類キャラクター換算表

西暦／元号	1月	2月	3月	4月	5月	6月	7月	8月	9月	10月	11月	12月
1969（昭和44年）	12	43	11	42	12	43	13	44	15	45	16	46
1970（昭和45年）	17	48	16	47	17	48	18	49	20	50	21	51
1971（昭和46年）	22	53	21	52	22	53	23	54	25	55	26	56
1972（昭和47年）※	27	58	27	58	28	59	29	0	31	1	32	2
1973（昭和48年）	33	4	32	3	33	4	34	5	36	6	37	7
1974（昭和49年）	38	9	37	8	38	9	39	10	41	11	42	12
1975（昭和50年）	43	14	42	13	43	14	44	15	46	16	47	17
1976（昭和51年）※	48	19	48	19	49	20	50	21	52	22	53	23
1977（昭和52年）	54	25	53	24	54	25	55	26	57	27	58	28
1978（昭和53年）	59	30	58	29	59	30	0	31	2	32	3	33
1979（昭和54年）	4	35	3	34	4	35	5	36	7	37	8	38
1980（昭和55年）※	9	40	9	40	10	41	11	42	13	43	14	44
1981（昭和56年）	15	46	14	45	15	46	16	47	18	48	19	49
1982（昭和57年）	20	51	19	50	20	51	21	52	23	53	24	54
1983（昭和58年）	25	56	24	55	25	56	26	57	28	58	29	59
1984（昭和59年）※	30	1	30	1	31	2	32	3	34	4	35	5
1985（昭和60年）	36	7	35	6	36	7	37	8	39	9	40	10
1986（昭和61年）	41	12	40	11	41	12	42	13	44	14	45	15
1987（昭和62年）	46	17	45	16	46	17	47	18	49	19	50	20
1988（昭和63年）※	51	22	51	22	52	23	53	24	55	25	56	26
1989（平成元年）	57	28	56	27	57	28	58	29	0	30	1	31
1990（平成2年）	2	33	1	32	2	33	3	34	5	35	6	36
1991（平成3年）	7	38	6	37	7	38	8	39	10	40	11	41
1992（平成4年）※	12	43	12	43	13	44	14	45	16	46	17	47
1993（平成5年）	18	49	17	48	18	49	19	50	21	51	22	52
1994（平成6年）	23	54	22	53	23	54	24	55	26	56	27	57
1995（平成7年）	28	59	27	58	28	59	29	0	31	1	32	2
1996（平成8年）※	33	4	33	4	34	5	35	6	37	7	38	8
1997（平成9年）	39	10	38	9	39	10	40	11	42	12	43	13
1998（平成10年）	44	15	43	14	44	15	45	16	47	17	48	18
1999（平成11年）	49	20	48	19	49	20	50	21	52	22	53	23

動物キャラナビ60分類キャラクター換算表

西暦／元号	1月	2月	3月	4月	5月	6月	7月	8月	9月	10月	11月	12月
2000(平成12年)※	54	25	54	25	55	26	56	27	58	28	59	29
2001(平成13年)	0	31	59	30	0	31	1	32	3	33	4	34
2002(平成14年)	5	36	4	35	5	36	6	37	8	38	9	39
2003(平成15年)	10	41	9	40	10	41	11	42	13	43	14	44
2004(平成16年)※	15	46	15	46	16	47	17	48	19	49	20	50
2005(平成17年)	21	52	20	51	21	52	22	53	24	54	25	55
2006(平成18年)	26	57	25	56	26	57	27	58	29	59	30	0
2007(平成19年)	31	2	30	1	31	2	32	3	34	4	35	5
2008(平成20年)※	36	7	36	7	37	8	38	9	40	10	41	11
2009(平成21年)	42	13	41	12	42	13	43	14	45	15	46	16
2010(平成22年)	47	18	46	17	47	18	48	19	50	20	51	21
2011(平成23年)	52	23	51	22	52	23	53	24	55	25	56	26
2012(平成24年)※	57	28	57	28	58	29	59	30	1	31	2	32
2013(平成25年)	3	34	2	33	3	34	4	35	6	36	7	37
2014(平成26年)	8	39	7	38	8	39	9	40	11	41	12	42
2015(平成27年)	13	44	12	43	13	44	14	45	16	46	17	47
2016(平成28年)※	18	49	18	49	19	50	20	51	22	52	23	53
2017(平成29年)	24	55	23	54	24	55	25	56	27	57	28	58
2018(平成30年)	29	0	28	59	29	0	30	1	32	2	33	3
2019(令和元年)	34	5	33	4	34	5	35	6	37	7	38	8
2020(令和2年)※	39	10	39	10	40	11	41	12	43	13	44	14
2021(令和3年)	45	16	44	15	45	16	46	17	48	18	49	19
2022(令和4年)	50	21	49	20	50	21	51	22	53	23	54	24
2023(令和5年)	55	26	54	25	55	26	56	27	58	28	59	29
2024(令和6年)※	0	31	0	31	1	32	2	33	4	34	5	35
2025(令和7年)	6	37	5	36	6	37	7	38	9	39	10	40
2026(令和8年)	11	42	10	41	11	42	12	43	14	44	15	45
2027(令和9年)	16	47	15	46	16	47	17	48	19	49	20	50
2028(令和10年)※	21	52	21	52	22	53	23	54	25	55	26	56
2029(令和11年)	27	58	26	57	27	58	28	59	30	0	31	1
2030(令和12年)	32	3	31	2	32	3	33	4	35	5	36	6

※はうるう年なので2月は29日まであります

動物キャラナビ60分類キャラクター対応表

番号	キャラクター		リズム	3分類
31	ゾウ	リーダーとなるゾウ	大樹	☀
32	こじか	しっかり者のこじか	草花	☽
33	子守熊《コアラ》	活動的な子守熊《コアラ》	太陽	🌏
34	猿	気分屋の猿	灯火	🌏
35	ひつじ	頼られると嬉しいひつじ	山岳	●
36	狼	好感のもたれる狼	大地	🌏
37	ゾウ	まっしぐらに突き進むゾウ	鉱脈	☀
38	こじか	華やかなこじか	宝石	☽
39	子守熊《コアラ》	夢とロマンの子守熊《コアラ》	海洋	🌏
40	猿	尽くす猿	雨露	🌏
41	たぬき	大器晩成のたぬき	大樹	☽
42	チータ	足腰の強いチータ	草花	☀
43	虎	動きまわる虎	太陽	🌏
44	黒ひょう	情熱的な黒ひょう	灯火	●
45	子守熊《コアラ》	サービス精神旺盛な子守熊《コアラ》	山岳	🌏
46	猿	守りの猿	大地	🌏
47	たぬき	人間味あふれるたぬき	鉱脈	☽
48	チータ	品格のあるチータ	宝石	☀
49	虎	ゆったりとした悠然の虎	海洋	🌏
50	黒ひょう	落ち込みの激しい黒ひょう	雨露	●
51	ライオン	我が道を行くライオン	大樹	☀
52	ライオン	統率力のあるライオン	草花	☀
53	黒ひょう	感情豊かな黒ひょう	太陽	●
54	虎	楽天的な虎	灯火	🌏
55	虎	パワフルな虎	山岳	🌏
56	黒ひょう	気どらない黒ひょう	大地	●
57	ライオン	感情的なライオン	鉱脈	☀
58	ライオン	傷つきやすいライオン	宝石	☀
59	黒ひょう	束縛を嫌う黒ひょう	海洋	●
60	虎	慈悲深い虎	雨露	🌏

動物キャラナビ60分類キャラクター対応表

番号	キャラクター		リズム	3分類
1	チータ	長距離ランナーのチータ	大樹	☀
2	たぬき	社交家のたぬき	草花	☾
3	猿	落ち着きのない猿	太陽	🌏
4	子守熊《コアラ》	フットワークの軽い子守熊《コアラ》	灯火	🌏
5	黒ひょう	面倒見のいい黒ひょう	山岳	●
6	虎	愛情あふれる虎	大地	🌏
7	チータ	全力疾走するチータ	鉱脈	☀
8	たぬき	磨き上げられたたぬき	宝石	☾
9	猿	大きな志をもった猿	海洋	🌏
10	子守熊《コアラ》	母性豊かな子守熊《コアラ》	雨露	🌏
11	こじか	正直なこじか	大樹	☾
12	ゾウ	人気者のゾウ	草花	☀
13	狼	ネアカの狼	太陽	🌏
14	ひつじ	協調性のないひつじ	灯火	●
15	猿	どっしりとした猿	山岳	🌏
16	子守熊《コアラ》	コアラのなかの子守熊《コアラ》	大地	🌏
17	こじか	強い意志をもったこじか	鉱脈	☾
18	ゾウ	デリケートなゾウ	宝石	☀
19	狼	放浪の狼	海洋	🌏
20	ひつじ	物静かなひつじ	雨露	●
21	ペガサス	落ち着きのあるペガサス	大樹	☀
22	ペガサス	強靭な翼をもつペガサス	草花	☀
23	ひつじ	無邪気なひつじ	太陽	●
24	狼	クリエイティブな狼	灯火	🌏
25	狼	穏やかな狼	山岳	🌏
26	ひつじ	粘り強いひつじ	大地	●
27	ペガサス	波乱に満ちたペガサス	鉱脈	☀
28	ペガサス	優雅なペガサス	宝石	☀
29	ひつじ	チャレンジ精神の旺盛なひつじ	海洋	●
30	狼	順応性のある狼	雨露	🌏

狼

狼の性格がわかるキーワード

- ひとりだけの時間と空間が好き
- ペースを乱されるのを嫌う
- 自分流の方法でナンバー1を目指す
- 自分の流儀をもっている
- 人マネはしたくない
- 唯我独尊
- 初対面だととっつきにくい
- 「変わってるね」と言われると嬉しい
- 言葉足らずのところがある
- 男性は眉間にシワがある
- 臨機応変な対応は苦手
- 決まった時刻通りにこなしたがる
- 時系列で記憶するのが得意
- すぐメモをとる習慣がある
- 思ったことはハッキリ言う
- たとえ親友でも距離は置きたい
- 他人が持っているモノに興味がない
- パープルが好き
- 時間にルーズな人が嫌い
- 話は結論から聞きたい

人の顔色や評価が気にならず、マイペースで歩む

狼は孤高で個性的な存在です。すべてのことに自分の流儀があり、自分のやり方で自分が考えるナンバー1を目指します。マイペースな自信家で、あれこれ指示されると反発します。組織や団体行動、群れることを嫌う反骨の人です。自分の価値基準がすべてに勝り、時間もお金も何事においてもムダを嫌います。

人マネを嫌い、ユニークで独創性のある非凡な人生を目指します。仕事ぶりは堅くマジメで、権力とは無縁。後輩に親切なので信頼されます。はじめは、とっつきにくい印象がありますが、徐々に裏表のない朴訥《ぼくとつ》さが魅力だと周囲に理解されていきます。

一方、臨機応変な対応は苦手で、ペースを乱されるのを嫌って何事も計画通りに進めたいタイプ。協調性に欠け、人とは一定の距離をとり、ひとりになれる時間や空間がないとストレスをためます。

狼の人間関係

適度な距離感をもって人付き合いを

誰とでも仲良くできるわけではないので、自分の個性を認め、適度な距離をもって付き合ってくれる人と親しくします。本音を語れる人がいると心強いでしょう。

言動を批判、詮索《せんさく》、束縛、指図されてペースを乱されるといらだち、相手に不快感を与えてトラブルになりかねません。

理想と現実のギャップ、価値観の違いを理解して、自分が意地になっていることに気付けると人間関係が良好になります。

狼のビジネス

孤高で個性的な存在で、マイペース

冷静で合理的、独創的な企画力をもつアイデアマン。組織や派閥、組織内での出世に興味がないので媚《こ》びることもなく、一般的な評価さえ気にしません。社会に関心が強く、現実的な判断ができます。

しかし、社交性や協調性に欠け、組織内での責任意識はあまり高くないので、問題視されることがあります。自分のペースを乱されることがイヤで、周囲から何か言われるとストレスになります。

狼の恋愛

誠実、信頼を軸に関係を築く

人生に遊びの恋はまったく不要、恋は結婚の手段です。接近しづらい独特な雰囲気がありますが、実際は純真で、さっぱりしています。

狼の女性は自由を愛し、パートナーにも心の中に深入りされたくありません。本心を理解し、いざというとき頼れる人にだけに心を許します。

男性は、誠実で信頼できる女性が好み。精神の独立を重んじ、相手ができてもひとりの時間が必要で大切にします。

狼の子育て

子どもの個性にも注目

狼の女性は子どもが生まれると、愛情の対象が夫から子どもへと一気に転換してしまいます。個性的な子どもに育てたいと思っているので、他人との比較には一切興味なし。自分の子育ての理想像があるので、子どもを自分の思い通りにしたがります。

一方、狼の男性は子どもができると仕事にも励み、家族を大切にしてくれます。子どもの自立を望み、時々厳しいこともありますが、子どもの人間性も尊重します。

13 ネアカの狼

自立した人間関係を好む個人主義

一見とっつきにくく、クールでドライな雰囲気で、ベタベタした関係や干渉は大嫌い。他人に無頓着なさっぱりタイプです。しかし、本当はピュアなハートの持ち主で、明るく素直な正義派。付き合うほどに評判も高まり、隠れた人気者。独自の切り口と鋭い直感力で世の中を見るので、周囲を驚かせます。

- ラッキーカラー／赤
- ラッキーアイテム／ダイアリー
- ホワイトエンジェル／38 華やかなこじか
- ブラックデビル／8 磨き上げられたたぬき

19 放浪の狼

俗世間には無関心で我が道を行く

裏表のない性格で、自分から他人にすり寄るのが嫌い。独特の雰囲気から奇人・変人っぽく見られますが、実は人情に厚く、頼まれたらイヤと言えないために人に利用されることも。自分を理解してくれる相手には、愛情深く接します。世間の常識や伝統にしばられずに、独自の方法を発見する生涯挑戦者。

- ラッキーカラー／黒
- ラッキーアイテム／時計
- ホワイトエンジェル／44 情熱的な黒ひょう
- ブラックデビル／14 協調性のないひつじ

24 クリエイティブな狼

純真さと冷静さを併せもつ

教養・知識ともに豊かで理想も精神性も高く、よりよい生き方を求めます。指図を嫌い、世間体を気にしないで、マイペースで計画・実行する努力派ですが、融通が利かない一面も。さっぱりしていて、人からは高評価。感情に左右されることなく世の中を客観的にとらえ、自分の個性を上手に発揮します。

- ラッキーカラー／オレンジ
- ラッキーアイテム／キャンドル
- ホワイトエンジェル／39 夢とロマンの子守熊
- ブラックデビル／9 大きな志をもった猿

25 穏やかな狼

ウソをつけない正直者で現実派

裏表のない正義派。気高い精神の持ち主です。お世辞は苦手で、つい正直にものを言いすぎてしまうことも。感傷的な気持ちとは無縁で、苦労を苦労とも思わないので、一度に多くの物事を処理するのが得意。過去に引きずられたり、無計画な夢を見たりしない現実的な楽天家として、自分の生き方を守ります。

- ラッキーカラー／茶
- ラッキーアイテム／地図
- ホワイトエンジェル／50 落ち込みの激しい黒ひょう
- ブラックデビル／20 物静かなひつじ

30 順応性のある狼

冷静沈着、公明正大な観音様

態度や服装に知的な雰囲気があります。押しが強く、どこにいても堂々としていて、上下関係など気にせずに分けへだてなく人と接します。自分の考えに自信をもち、誰にでも率直な意見を述べるので、意地っぱりと思われることも。本当は甘えも媚《こ》びも八つあたりもしない、穏やかな性格です。

- ラッキーカラー／紫
- ラッキーアイテム／プリザーブドフラワー
- ホワイトエンジェル／45 サービス精神旺盛な子守熊《コアラ》
- ブラックデビル／15 どっしりとした猿

36 好感のもたれる狼

知的でユーモア満載の芸術家

客観的で落ち着いた雰囲気が漂い、多才で器用、強烈な個性は魅力に。周囲の人にとって興味はそそられるけれど、理解不能です。自分なりの信念があり、片寄った考え方をせず、利害や人情とも無関係。でもナイーブで、自分の揺れる感情を人に見せられず、他人と距離をとってしまうため対人関係は苦手。

- ラッキーカラー／黄
- ラッキーアイテム／辞書
- ホワイトエンジェル／51 我が道を行くライオン
- ブラックデビル／21 落ち着きのあるペガサス

ホワイトエンジェルはベストパートナー、ブラックデビルは避けたほうがいいキャラです。

こじか

こじかの性格がわかるキーワード

- いつもそばにいてくれなきゃ、イヤ！
- 愛情が確認できないと不安になる
- かけひきや表裏のある対応は苦手
- 仲のよい人としか話さない
- 親しくなるとわがままになる
- 好き嫌いが激しい
- 初対面では警戒心が強い
- 感情を隠しきれない
- 食べ物、飲み物の添加物が気になる
- キレると手がつけられない

- 相手の人柄がすべて
- 人を育てるのが好き
- 人にモノを教えるのが好き
- 好奇心旺盛
- 行動範囲が限られている
- 「かわいい」と言われると嬉しい
- 手をつないで歩きたい
- スキンシップを大切にする
- 甘え上手
- 時間にルーズな人が嫌い

子どものように素直で純真 みんなに好かれたい八方美人

こじかは警戒心が強く、人見知りをします。敵をつくりたくなく、また、人からよく思われたくて誰にでも笑顔で接します。が、実際は好き嫌いが激しく、苦手な人でも愛想よくふるまってしまい、ストレスを感じることが多いでしょう。しかし愛想のよさが場の潤滑油として働き、周囲から愛されます。誠実にコツコツと仕事をして、仕事より家庭を大切にします。

本来は楽天的で、楽しい雰囲気が大好き。人の気持ちを察するのが上手で親切なので、後輩に指導することはまさに天職。本音と建前の使い分けなど絶対できないので人間関係は広くはありませんが、信頼を築けた人を大切にします。

かまわれ好きで、甘えたようなかわいい言葉やしぐさは、依存心の表れ。問題が起こるとすぐ人に頼り、自分によくしてくれる人や甘えさせてくれる人をひいきにすると、それを批判する人もいるので気を付けましょう。

こじかの人間関係

多様な価値観を知ることが重要

本音と建前を使い分けられず、距離の遠い人の前ではいい顔をしてストレスをためます。なじめないタイプの人に出会ったときは、「宇宙人かも」と旺盛な好奇心で観察を。

いい関係を築いたと思っている相手や仲間から、物事を勝手に進められたときや無責任なことをされたとき、トラブルになることがあります。不安が強いので、相手への束縛や詮索が強くなりがちです。自分は何が不安か、苦手かを勇気をもって相手に伝えましょう。

こじかのビジネス

外見は温和で、内面は勤勉

与えられた仕事をコツコツとこなすマジメさと、気使いが最大の武器で敵をつくりません。相手の気持ちを察しながら要領よく物事を進めます。場を収めてチームをまとめることが得意な生来の組織人。競争心むき出しの職場は苦手です。

人を見る目があり、信頼を築きます。教え上手なので新人教育は天職。ただし、嫌いな上司に笑顔で接するなど、気苦労からストレス病に。八方美人になると誤解のもと。

こじかの恋愛

恋は慎重にゆっくりスタート

明るい雰囲気ですが、警戒心が強く人見知りする性格で、恋にはとくにデリケートなこじか。

女性は、内心では恋への情熱や結婚願望も強く、一度恋に落ちると積極的です。

男性は友好的に接するので恋愛のチャンスは多いけれど、仲間から親しい友人、恋人へと段階をふんで発展するパターンが多そう。好きになると片時も離れていたくなくて電話もメールもまめな人との結婚もあり。

こじかの子育て

自分を犠牲にして子育てを優先

子どもが生まれると、子育てでいっぱいいっぱい。とくに5歳くらいまでは自分を犠牲にして子育てに没頭するのがこじかの母親です。ただし、ママ友との付き合いは気を使いすぎてストレスになることも。それを聞いてくれる夫がいないと、寂しさを感じてしまいます。

男性も子どもが中心の生活に。マイホームパパなだけに、仕事上の付き合いを断れないとストレスになるでしょう。

11 正直なこじか

甘えるのも優しくするのも好き

飾り気がなく性格に裏表がありません。好き嫌いが激しく、曲がったことが大嫌いな素朴な人。初対面の相手には警戒心を発揮し、穏和でおとなしい印象を与えますが、親しくなると、かわいいわがままが出ます。交友範囲は広くないけれど、末永く付き合える友人を確保。内に秘める情熱と夢や希望があります。

- ラッキーカラー／深緑
- ラッキーアイテム／ぬいぐるみ
- ホワイトエンジェル／16 コアラのなかの子守熊《コアラ》
- ブラックデビル／46 守りの猿

17 強い意志をもったこじか

内に秘めた情熱と自信は宝物

外面的には知的で物静か。思いやりが深い優しい性格です。「現状維持」や「身分相応」が基本。生活の急な変化は好まず保守的で、上下関係や礼儀を大切にします。他人の評価は気になるし、うわさにも敏感。出しゃばることは苦手でも、根は負けず嫌いの自信家で、責任感もあり、猛烈な闘争心と強い意志を秘めています。

- ラッキーカラー／グレー
- ラッキーアイテム／リップクリーム
- ホワイトエンジェル／22 強靭な翼をもつペガサス
- ブラックデビル／52 統率力のあるライオン

32 しっかり者のこじか

仲間の潤滑油的存在で付き合い上手

物事を丸く収め、自分や他人を傷つけないよう注意している、気配り上手の温かな人。相手の怒りや不機嫌を受け流すのも得意です。人を喜ばせるのが大好きで、頼まれたらNOと言えないお人好し。せっかちな面もあって、物事はテキパキと処理。気まぐれで多少わがままも言うけれど、甘え上手なので人から憎まれません。

- ラッキーカラー／黄緑
- ラッキーアイテム／花
- ホワイトエンジェル／7 全力疾走するチータ
- ブラックデビル／37 まっしぐらに突き進むゾウ

38 華やかなこじか

譲れない価値観の持ち主

人から愛されたい気持ちが強く、人あたりが柔らかくて愛想よくしていますが、なかなか心を開かないので、何を考えているのかわからない人と思われがち。子どものように純粋なので、心が揺れやすい面も。内心は人や物事の好き嫌いが激しく、一度、嫌うともうダメだけど、愛情が確認できるとすべてをゆだねます。

- ラッキーカラー／白
- ラッキーアイテム／指輪
- ホワイトエンジェル／13 ネアカの狼
- ブラックデビル／43 動きまわる虎

ホワイトエンジェルはベストパートナー、ブラックデビルは避けたほうがいいキャラです。

猿

猿の性格がわかるキーワード

- のせられると弱い
- 褒められたいために頑張る
- 指示を明確にしないとダメ
- 早とちりや早合点が多い
- 人のマネをするのがうまい
- 話すときは、相手の目をじっと見る
- 細かいこと、小さいことに気が付く
- 堅苦しい雰囲気に弱い
- 落ち着きがない
- 何ごとも短期決戦
- 信じやすく、だまされやすい
- 手先が器用
- 足も器用
- 相手から攻撃されるとムキになる
- ショートカットが似合う
- 小銭がからむと頑張ってしまう
- 1万円以上になると金銭感覚がマヒ
- 階段を二段跳びをする
- バナナが好き
- エンジョイするために生きている

手先が器用で人マネ上手 おだてに弱い気使いの人

猿は、すべての物事において短期決戦型で勝ち負けにこだわります。結果を求め、目の前の仕事を、ゲーム感覚で楽しみながら取り組みます。短期集中が得意で、効率も上々。とても器用で、小さなことによく気が付き、何をやってものみ込みが速く、自分でも本職がわからないほどです。

堅苦しいこと、深刻なこと、ネガティブなことが大嫌い。気さくで誰とでもすぐに打ち解けられる愛嬌《あいきょう》者です。他人の顔色や本音を見抜く天性の資質を使って、場をなごませて、笑いを提供できるのが最大の魅力。褒められたくて頑張るというかわいさもあります。

短気で飽きっぽいので長期の仕事は苦手。攻めは強くても守りには逃げ腰、壁に当たると投げやりに。早合点からミスをすることも多いでしょう。感情が顔に出やすく、大切なときに失敗する恐れがあります。

猿の人間関係

自分を出しすぎがトラブルの原因

考え方の違う人は苦手で避けがちですが、異なる価値観も理解できると人脈が広がります。感情を抑えるクセは、親しい関係を築くときにはマイナスに。

勝気さと競争心、我《が》が強く出る、短気、あきっぽい、即座に行動、自信家で小心で神経質。これらが原因でトラブルになります。

「話していることの内容がよくわかり、納得できる」というよき理解者や相談相手をもちましょう。

猿のビジネス

器用で愛嬌があるアイデアマン

人の顔色を見るのは天性の才能。よい上司に恵まれると大きく成長し、いつのまにか参謀的な立場になることも。器用でのみ込みが速く、要領もいいので、どんな仕事も効率的に短期決戦で結果を出そうとします。

競争心旺盛で、達成意欲の強い野心家ですが、一貫性と根気がなく短気なところが欠点です。壁にぶつかると、目下へ高圧的な態度をとったり責任転嫁する態度がトラブルのもとになりかねません。

猿の恋愛

恋には妙に神妙で誠実

本気になるとのめり込んで尽くしすぎます。社交家で明るく愛嬌があり、瞬時に人の気持ちを察して接することができるので異性の友達が多い猿。でも実は内面はかなり神経質。警戒心も競争心も強くマイペースです。

女性は恋の夢を追う幼い少女。尽くすあまり、冷静な判断が鈍り、だまされることも。

男性は、本心を隠し保守的な関係を築きがちですが、楽しさやユーモアを引き出せる人がいたら結婚へとつながります。

猿の子育て

夫婦で楽しみながら子育てを

他の母親には負けたくない猿の女性。育児本で勉強しながら、平均以上の子どもに育てようとします。ただサバサバした性格なので、ストレスを翌日に持ち越すことは少なそう。子どもの成長とともに、友達感覚のような関係を築くことに。

父親は、ゲーム感覚で子育てを楽しみに、アウトドアやキャンプなどのプランを立てるのが好き。夫婦間では役割分担をきちんと決めたがります。

3 落ち着きのない猿

自立した人間関係を好む個人主義

スポーツ万能で頭の回転も速く、勝負強さと集中力は抜群。みんなに元気を与える太陽のような存在の人です。親切で世話好きで、人に教えるのが上手。ケンカしてもすぐに仲直りし、あとを引かないさっぱりした性格。思ったことがすぐ顔に出る単純さも嫌みがなく、ご愛嬌。自立心が強く、どんどん学んで成長します。

- ラッキーカラー／赤
- ラッキーアイテム／キーホルダー
- ホワイトエンジェル／48品格のあるチータ
- ブラックデビル／18デリケートなゾウ

9 大きな志をもった猿

旺盛な好奇心で何事もクリア

好奇心旺盛で活動的。よく学び、積極的に取り組みます。仕事や勉強だけでなく、遊びや趣味にも熱心な努力家です。何でもゲーム感覚で楽しんで、いつの間にかエキスパートに。明るく、くだけた性格なので、多少不調でも、楽しい雰囲気をつくろうと努めます。他人を受け入れる心の広さはあっても、自分を受け入れてもらうのは苦手。

- ラッキーカラー／黒
- ラッキーアイテム／貯金箱
- ホワイトエンジェル／54楽天的な虎
- ブラックデビル／24クリエイティブな狼

15 どっしりとした猿

カンのよさと先取り精神で活躍

鋭いカンの持ち主で、手際よく結果を出すクールな能率主義者。経験を積むほどに磨きがかかります。何でも器用にこなし上達が速く、並はずれた集中力で短期間で多くをマスター。時代を先取りするのも上手です。人を動かす力にもたけています。勝ち気で誇り高いので、周囲から恐れられることも。情熱的で全身でぶつかるアクティブな人ですが、ふだんはおおらかな性格。

- ラッキーカラー／茶
- ラッキーアイテム／スニーカー
- ホワイトエンジェル／60慈悲深い虎
- ブラックデビル／30順応性のある狼

34 気分屋の猿

争い事が大嫌い、穏やかに回避

口ベタで仲よくなるきっかけをつかむのが苦手。神経質なので取りこし苦労も多いようです。争いは嫌いなので、どんな場合でも穏やかですが、多数派に付いたり自分の意志を曲げたりはしません。器用でのみ込みが速く、優れた集中力で不可能を可能にするバイタリティあり。考えるより行動が先なので、場あたり的になることも。

- ラッキーカラー／オレンジ
- ラッキーアイテム／ジグソーパズル
- ホワイトエンジェル／29 チャレンジ精神の旺盛なひつじ
- ブラックデビル／59 束縛を嫌う黒ひょう

40 尽くす猿

優れた感受性で状況を察知

鋭い感受性と直感力があり、人の気持ちを察するのが上手。世話焼きでいつもマメマメしく立ち働いていますが、自分の感情はめったに外に出さないので、心に負担を抱えがち。感情に流されず、合理的に仕事は順調にこなします。贅沢はしないけれど、いざというときのお金の使い方は上手です。

- ラッキーカラー／紫
- ラッキーアイテム／孫の手
- ホワイトエンジェル／35 頼られると嬉しいひつじ
- ブラックデビル／5 面倒見のいい黒ひょう

46 守りの猿

社交上手で野心満々の自信家

人の気持ちをくみ取るのがうまく、感情に流されることが少ないので幅広い世代から信頼されます。小さいことにこだわらず、明るく元気な活動派。内心はプライドが高く負けず嫌いなので、つい自分を大きく見せようと背伸びしがち。そのため傷つくことも。堅実派なので、浮き沈みのない人生を歩みます。

- ラッキーカラー／黄
- ラッキーアイテム／小銭入れ
- ホワイトエンジェル／41 大器晩成のたぬき
- ブラックデビル／11 正直なこじか

ホワイトエンジェルはベストパートナー、ブラックデビルは避けたほうがいいキャラです。

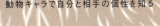

チータ

チータの性格がわかるキーワード

- 狙った獲物は逃さない
- 好奇心旺盛
- どんなことにも果敢にチャレンジ
- 成功願望が強い
- 競争心が旺盛
- 大きな数字に強い
- 小さな数字には興味がない
- 瞬発力はあるが、長続きしない
- 攻撃は強いが守備は弱い
- 撤退は早い

- プライドが高い
- 常に話の中心でいたい
- 話も態度もデカい
- 欲しいと思ったらすぐ買う
- 早とちりでお人好し
- 思い込みが激しい
- 人前でカッコつけたがる
- 超プラス志向
- ネガティブな発言が嫌い
- パンツをはかないで寝る

好奇心が強く、新しいもの好き 前向きだけど、あきらめも早い

チータは興味をもったことには何にでも挑戦します。人に勝ってミエを張りたいという気持ちが動機となっている点は否めませんが、生涯、プライド高き華麗なチャレンジャーであり、ハンターです。逆境に強く、狙いを定めると大志を抱き、柔軟に攻めます。文句やグチ、弱音など否定的な言葉を嫌います。超ポジティブで成功願望が強く、野心も競争心も旺盛なところが個性です。

「向かうところ敵なし」と常に強気に孤軍奮闘。失敗など頭にナシ。瞬発力があり、フットワークがよくてテキパキと動き、臨機応変。身勝手さがあったり、早合点して失敗もしますが、お人好しでマジメなので周囲の人から愛されます。

古いしきたりやルールは苦手。人間関係も好き嫌いで決めるので組織向きではありません。持久力がなく、守備や長期戦は嫌いで苦手。繊細で傷つきやすいという一面ももっています。

チータの人間関係

社交上手だけど独走しがち

社交上手ですが、勝気で人の好き嫌いがはっきり。感性鋭く、チームでの仕事は苦手です。「熱くなりすぎたら教えてね」など、周囲に素直にサポートを求めましょう。

目的達成のためにムキになり、主観を優先させてしまうことがあるので、周囲と協調できないほどのガンコ者となっては、成功するものもしません。

周囲と歩調を合わせたり、相手を立てたり、譲ることも学びましょう。

チータのビジネス

スタートダッシュ抜群で永遠の挑戦者

マルチな才能があり、アイデア豊富で、頭の回転もフットワークも速く、何にでも取り組みます。

強い野心と成功願望は、出世欲からではなく、好奇心と冒険心によるもの。テキパキと効率よく働き、速さが望まれる営業などではノルマ以上の結果を出します。

しかし、「自分が失敗するわけない」と思っているので、失敗を認めず責任も取りたがらず、自信過剰がすぎると孤立します。

チータの恋愛

刺激を求めて次々と短い恋を楽しむ

華やかで人気抜群、陽気な超プラス志向のチャレンジャーなので恋愛頻度は12キャラ中ナンバー1。

女性は、利害に敏感で、妥協を嫌い、よりよい相手を探し求めます。スマートで仕事がデキる品のよいインテリが好み。

男性は攻めたいので追われ押される恋はイヤ。壁にぶつかると弱いので、支えてくれる人がいると結婚。エネルギッシュに仕事をしますが、浮気だけは止まらない人も。

チータの子育て

子どもの可能性に期待しすぎ

子どもの可能性を求めて、自分ができなかったことを全部子どもにさせようとするのがチータの母親です。

お稽古事も多彩ですが、長続きしないのが難点。ファッション感度が高く、母親同士の間でも人気者。

一方、子どもが生まれても自分中心の父親は、忙しいときは知らん顔。「外で遊び回ってこそ子ども」と考え、将来スポーツ選手にしたがります。

1 長距離ランナーのチータ

プライドが高い理想主義者

マジメで誠実、人なつっこくてあどけないところがあって実年齢より若く見られます。性格のハッキリした理想主義者で、不正を許さない正義派。あいまいさを放置せず、白黒をつけようとします。プライドが高く意志も強いけれど、それが高じて「ナマイキ」「自信過剰」と誤解されることも。お金と時間にはややルーズ。

- ラッキーカラー／深緑
- ラッキーアイテム／成功哲学の本
- ホワイトエンジェル／26 粘り強いひつじ
- ブラックデビル／56 気どらない黒ひょう

7 全力疾走するチータ

繊細でシャープな感性の持ち主

気高く、品よく優しさがあり、繊細でスキのない印象。内面はハッキリした性格で、負けん気が強くガンコ。権力に立ち向かう批判精神の持ち主です。妥協を嫌うので、時に周囲と衝突ギリギリに。でも、優れた分析力と独創性、超プラス志向で瞬時に発想転換します。夢と現実を割りきって考えられる感性をもっています。

- ラッキーカラー／グレー
- ラッキーアイテム／海外ファッション誌
- ホワイトエンジェル／32 しっかり者のこじか
- ブラックデビル／2 社交家のたぬき

42 足腰の強いチータ

夢と理想に向かってまっしぐら

理想に向かって前進していく情熱家。気が短く動作もキビキビしていて、思ったことはサッと行動に移すことができます。頭のキレは抜群で、人の心を見抜くカンのよさと教養あふれる説得力は大きな武器。冷静な判断ができるので、感情に流されず、損得の計算もしっかりします。ファッションにも気を使うスタイリストです。

- ラッキーカラー／黄緑
- ラッキーアイテム／輸入の石けん
- ホワイトエンジェル／57 感情的なライオン
- ブラックデビル／27 波乱に満ちたペガサス

48 品格のあるチータ

ユーモアがあって明るく社交的

義理人情に厚い親分肌。誰とでも打ち解けられる開放的な社交家だけど、人の好き嫌いははっきり。鼻っ柱の強い勝ち気な面も。直感で行動するため、あわて者に見られがちですが、それも愛嬌のうち。生来の努力家で、気分がのると目標に向かってまっしぐら。主観が優先しやすいので、冷静さを失わない注意が必要。

- ラッキーカラー／白
- ラッキーアイテム／Tバック
- ホワイトエンジェル／3 落ち着きのない猿
- ブラックデビル／33 活動的な子守熊《コアラ》

ホワイトエンジェルはベストパートナー、ブラックデビルは避けたほうがいいキャラです。

黒ひょう

黒ひょうの性格がわかるキーワード

- スマートでありたい
- メンツやプライド、立場にこだわる
- 喜怒哀楽が顔や態度に出やすい
- ガラス細工のように繊細な心
- 正義感、批判精神が強い
- 気を使われると上機嫌
- いつまでも現役でいたい
- 常にリーダーシップをとりたい
- 先攻逃げ切り型
- 攻撃的だが、あきらめやすい

- すぐに仕切りたがる
- 主語が多い
- 新しいものが好き
- 情報誌の愛読者
- おしゃれ
- 自分の話を聞いてもらいたい
- 自慢話が多い
- 他人から批判されるとスネる
- ファッションは黒が基調
- 誰も知らない情報を先取り

スマートなトレンド先どり派 プライドが高く、傷つきやすい

黒ひょうはミエっ張りで、密かにトップを狙う自信家。目上からのウケがよくしっかり者で、仕事は器用に何でもこなします。守りの弱さはありますが、責任感が強く、誠実に最後までやり遂げます。情報通で、新しいものが大好き。新情報をアートなど得意分野に活かすのも上手。仕切り屋でもあります。

すべてにおいて、生涯カッコよく現役でいたいし、スマートにリードしたいタイプ。攻撃的だけどあきらめが早く、批判精神旺盛なのにすぐに傷つき落ち込み、感情が顔に出ます。そんな人間くささも魅力のひとつです。頼まれると断れず、人に気を使い、世話好きな情け深い人。

外面はソフト、内面はガンコな意地っ張り。思い込みが強く、道理とメンツにこだわり、弁が立つので煙たがられて孤立することもあるでしょう。情に流され、感情が顔に出て、優柔不断な点もあります。

黒ひょうの
人間関係

人に尽くす愛されキャラ

社交的で人付き合いが上手。何でも話し合いで解決するので、敵をつくらず、次第に人脈を広げていきます。

内面の好き嫌いが明確で、感情にムラのあるお天気屋の点は、トラブルのもと。優柔不断さも誤解を招きます。飽きっぽさも時に問題です。

女性は勝気に注意。感情の起伏が激しいので、自分を客観的に観察し、今日していいこと、ダメなことを判断しましょう。

黒ひょうの
ビジネス

実直で信念を貫く気配りの人

人間関係に気を使い、熟考してから行動します。仕事はきちんとこなすので任せて安心。上司や目上のウケもよく、人から信頼され、リーダーの地位を狙う自信家です。

しかし、プライドが高く、ミスを認められなかったり、思い込みが強すぎて孤立することもあります。

流行に敏感で、常に最新の情報を求めています。表現力や企画力もあるので、芸能界、プランナーも合っています。

黒ひょうの恋愛

いつも恋していたい恋愛至上主義者

鋭い感性をもち、知的で創造的な洗練された男性が好みの黒ひょうの女性。信頼できることが相手の絶対条件です。親しくなるほどに批判的になるので、束縛や干渉のしすぎには注意を。

男性は恋が大好きで、感性やセンスが合えば一瞬で恋をします。障害があるほど燃えますが、あきらめも早い。結婚しても恋人気分を持ち続けたいので、相手が所帯じみると離婚したくなります。

黒ひょうの子育て

最先端の情報を利用して子育て

情報収集が得意で、最新情報を駆使して子育てをするハイセンスな母親。一方で多すぎる情報に振り回されて時々方向性を見失ってしまうことも。欧米流の子育て法を取り入れたかっこいい子育てが理想です。

父親は子どもに振り回されがち。いつも子どもに話しかけながら、自分の存在をアピールします。子どもにとっても自分がいちばんでないと気がすまないので、妻に嫉妬することも。子育てに関して妻との口論もしばしば。

5 面倒見のいい黒ひょう

逆境に強く独立心旺盛

身のこなしはスタイリッシュでも細かいことには無頓着で明るくのびのび。「自分は変わり者。みんなが自分に興味をもつのは当然」という楽天的な考えと、悪意のなさが魅力となって多くの人に愛されます。世話好きで、頼まれると断れない一面も。見た目は穏やかだけど、強い意志と高いプライドをもつ負けず嫌い。孤独に強く独立心旺盛です。

- ラッキーカラー／茶
- ラッキーアイテム／CD
- ホワイトエンジェル／10 母性豊かな子守熊《コアラ》
- ブラックデビル／40 尽くす猿

44 情熱的な黒ひょう

情熱家でリーダータイプ

腰が低くて人あたりはソフトだけれど、実は勝ち気で情熱的なしっかり者。社交家で何にでも熱心に取り組む意欲と行動力の持ち主です。感情の起伏の激しいので、不可解な行動をとったり、感情のムラが仕事に影響することも。かなりの情報通で、新しい物をいち早くキャッチ。またリーダー気質もあり、さまざまな分野で活躍します。

- ラッキーカラー／オレンジ
- ラッキーアイテム／デジカメ
- ホワイトエンジェル／19 放浪の狼
- ブラックデビル／49 ゆったりとした悠然の虎

50 落ち込みの激しい黒ひょう

温厚だけれど、芯は強く強情

大人っぽく穏やかな雰囲気に見えますが、実は芯は強く、自分の主張を突き通す強さがあります。強情っぱりなときもしばしばあります。冷静で知的な分析は苦手で、直感と柔軟な考え方で時流を敏感にとらえます。機転が利いて、ひらめき重視の行動派なので、どんな環境にも臨機応変に対処。気まぐれで心に矛盾を抱えがちですが、独立心旺盛な努力家です。

- ラッキーカラー／紫
- ラッキーアイテム／メガネ
- ホワイトエンジェル／25 穏やかな狼
- ブラックデビル／55 パワフルな虎

53 感情豊かな黒ひょう

優しくて素直、でも束縛は嫌い

やや線が細く現実感のない、情緒的な雰囲気の持ち主です。初対面の人は苦手ですが、情にもろく純粋な善意の人です。心の中では好き嫌いがハッキリしていて束縛は嫌い。自分の欠点を素直に認めて向上していくひたむきさが魅力です。頭の回転が速く、時代を先どり。気ままだけど器用な努力家で、何事にも上手に対処します。

- ラッキーカラー／赤
- ラッキーアイテム／スマートフォン
- ホワイトエンジェル／58 傷つきやすいライオン
- ブラックデビル／28 優雅なペガサス

56 気どらない黒ひょう

誠実で義理人情に厚い人格者

誰に対しても誠実に、利害関係や打算に左右されず公平で素直な態度で接する人格者。義理人情に厚く包容力豊かですが、自分の世界へやたらに踏み込まれるのはイヤで、交際範囲を限定します。思いついたら即実行し、持ち前の根性で最後まで自力でやり抜きます。

- ラッキーカラー／黄
- ラッキーアイテム／香水
- ホワイトエンジェル／31 リーダーとなるゾウ
- ブラックデビル／1 長距離ランナーのチータ

59 束縛を嫌う黒ひょう

礼儀正しく不言実行タイプ

礼儀正しく、落ち着いた穏やかな人。ひとつのことを極めていくタイプです。何事もよく考えたうえで行動します。口数は少なく、不言実行の人。理論的な説明や説得は苦手ですが、直感力はかなりのものです。相手の心理をカンで見抜き、次にどんな手を打てばいいのか、自然に頭の中に浮かんできます。

- ラッキーカラー／黒
- ラッキーアイテム／ボディローション
- ホワイトエンジェル／4 フットワークの軽い子守熊《コアラ》
- ブラックデビル／34 気分屋の猿

ホワイトエンジェルはベストパートナー、ブラックデビルは避けたほうがいいキャラです。

ライオン

ライオンの性格がわかるキーワード

- おしゃれで装飾品が大好き
- 他人の細かいところに気が付く
- 人が言ったことをよく覚えている
- 礼儀礼節にうるさい
- 特別扱いに弱い
- 決して弱音を吐かない
- 数字や計算に弱い
- その道の超一流をめざす
- 徹底的にこだわる
- 王様扱い、VIP待遇に弱い
- 世間体を気にする
- 教え方が厳しい
- 自分に優しく、他人に厳しい
- 心を許した相手には甘えん坊になる
- そうでない相手には暴ん坊になる
- おやじギャグが得意
- 外面がいい
- 我が子を谷底へ突き落す
- 制服フェチ
- 身だしなみは常にきちんとしている

誇り高き王者
完璧主義で実行力、統率力ともに十分

ライオンは大物らしいのびやかさと華やかさがあり、実行力も社交性もある正義派のリーダー。物事には徹底的にこだわる完璧主義者で、理想を追って全力で取り組みます。上下関係や礼儀礼節を重んじ、上司から信頼されます。合理的ですが、気持ちが細やかで、人の能力を引き出す指導力もあります。

生まれながらのボスで、ＶＩＰ待遇が大好きです。小技なし、正直で潔癖で裏表がないので、どんなにわがままを言っても、なぜか愛らしさがあって周囲の人から憎まれません。信頼した特定の女性の前でだけ本音を見せ、弱みを見せて甘えるのです。

常に自己中心、自分が法則。完璧主義なので自分のペースに人を巻き込み、振り回し、妥協できないのでチームプレイは嫌い。気に入らないとやらず、わがままになり怠惰になりがちです。本当は良好な人間関係を築くのも苦手。

ライオンの人間関係

人に厳しすぎる親分タイプ

面倒見のよい親分であり、よき教師なのですが、人に厳しく、自説を絶対曲げません。それは信頼にもつながりますが、もう少し器を大きくすると人脈が広がります。

忍耐強く頑張れない人をダメと決めつけたり、率直すぎる言葉もNG。自分から上手に思いを伝えるのが苦手で相手を傷つけることがあります。1対1ではなく、グループで活動したり、信頼できる仲間や忠告してくれる人をもちましょう。

ライオンのビジネス

正義感の強い現実主義者

苦境にも屈しない強さとエネルギーをもち、社交的で人を惹《ひ》きつけ、大物らしさがあります。細かいところまで目が届いて厳しく指導し、人の能力を引き出します。

目上から信頼され目下から慕われ、弱者を助けるので面倒見がよく、正義感が強いボス。完璧主義で自信家であるがゆえに、指図や命令を嫌い、自分の思い通りにいかないと機嫌が悪くなって周りを困らせたり、敵をつくることがあります。

ライオンの恋愛

人に弱みを見せたら心を開いた証拠

明るくさわやかな社交家の雰囲気ですが、内面はプライドが高くデリケート。

女性は情緒や感傷を嫌い、理論的で用心深いので恋には奥手。相手を仕切り始めたら心開いてきた証拠です。面倒見がいいので、甘えん坊や年下の頼ってきた人との恋から結婚もあり。

男性は、恋には自尊心と警戒心が全開となり奥手に。たったひとりを一生をかけて深く愛したい誠実なタイプです。

ライオンの子育て

完璧、一流を目指して厳しい教育

「わが子を谷に落とす」かのごとく、子育てには厳しい母親。完璧を目指すので妥協をしません。時に心に余裕がなくなります。学校の役員や地域のリーダーとして活躍します。また父親の職業や学校の格付けにこだわる教育ママ。礼儀礼節には最も厳しい。

常に一流を目指す父親も厳しい教育者です。しかし母親を子どもに独占されるのはイヤ。外では毅然《きぜん》としていますが、実は自分が甘えたいのです。

51 我が道を行くライオン

妥協を許さない完璧主義者

意志が強く、弱音を吐かない、自分にも他人にも厳しい人。社交家だけど、本来は孤独を恐れず、自分の運命は自分で切り開く独立心の持ち主です。負けず嫌いで忍耐強く、自分の面倒は自分で見るという考えなので、周りの助けをあてにしません。警戒心が強く、本心はめったに口にしないけれど、面倒見のいい人です。

- ラッキーカラー／深緑
- ラッキーアイテム／外国製の地球儀
- ホワイトエンジェル／36 好感のもたれる狼
- ブラックデビル／6 愛情あふれる虎

52 統率力のあるライオン

見た目は謙虚でも心のなかは百獣の王

心にプライドの高さと純真さを秘め、外見は謙虚で穏やか。リーダーにふさわしい優雅で清潔な印象で、場に明るさを提供します。警戒心が強いので、自分の意思や感情を出さずに相手の言い分をよく聞きますが、内心では自分のほうが正しいと思っていることも。親しい人には厳しくするのが愛情だと信じ、妥協しません。

- ラッキーカラー／黄緑
- ラッキーアイテム／ストール
- ホワイトエンジェル／47 人間味あふれるたぬき
- ブラックデビル／17 強い意志をもったこじか

57 感情的なライオン

面倒見のいい真面目なリーダー

自分を抑えて人に心配りをする社交的な人です。さっぱりした性格から、飛び出す言葉は毒舌ですが、その率直さが魅力です。内面は勝ち気で、競争に遅れをとるのは大嫌い。心を許せる友の前ではオチャメになっても、外では自他に厳しい。リーダーとして自分を犠牲にしても弱い人を助ける真面目な優しさがあります。

- ラッキーカラー／グレー
- ラッキーアイテム／プラチナのネックレス
- ホワイトエンジェル／42 足腰の強いチータ
- ブラックデビル／12 人気者のゾウ

58 傷つきやすいライオン

秩序を重んじる古風なタイプ

知的でカンには頼らない堅実博学な人。屈託なくおっとりしていても、信じているもの以外には心動かさない強い信念の持ち主です。権威を重んじ、自分の秩序を乱されるのは大嫌い。困ったときは、自力での解決に努めます。行動範囲は広いけれど周囲が気になり、おせっかいに。少しでも自分を否定されると傷つくことも。

- ラッキーカラー／白
- ラッキーアイテム／フランス製の香水
- ホワイトエンジェル／53 感情豊かな黒ひょう
- ブラックデビル／23 無邪気なひつじ

ホワイトエンジェルはベストパートナー、ブラックデビルは避けたほうがいいキャラです。

虎

虎の性格がわかるキーワード

- 頼られると放っておけない
- バランスにこだわる
- 即断即決はしない
- 決めたら徹底的にやる
- カラフルな色が好き
- 笑いながらキツイひと言が言える
- 面倒見がよく、親分肌
- 器用貧乏で、仕事が第一
- 自分がいちばん正しいと思っている
- 自分の生活圏を大事にする
- 悠然とした雰囲気
- 相手の「言い方」が気になる
- キツイひと言で相手を負かす
- 自分から好きにならないとダメ
- 金銭感覚は抜群
- バッグをたくさん持っている
- 空腹だと機嫌が悪い
- さりげなく計算高い
- 自由、平等、博愛主義
- 全体像がつかめないとダメ

多芸多才でなんでもこなすバランス感覚抜群の親分肌

主導力、責任感の強さ、組織構築の手腕、知的参謀度はいずれも12キャラ中ナンバー1。前向きな自信家で、根っからの組織人です。人に迷惑をかけたくない思いが強く、面倒見がよく、何に対しても誠実。即決即断は苦手ですが、決めると徹底的に最後までやり抜く頑張り屋です。

ガンコで激しい思い込みを人に押しつけますが、世話好きのフォロー上手なところが魅力です。どんなときも人としてのマナーや礼儀は忘れず、陰の実力者として振る舞うのを好み、人に気を配ります。プライドは高いですが、情が深くて人間的温かみがあるので、人に好かれ、信頼されます。

人に厳しく自分に甘め。けじめが曖昧《あいまい》で公私混同して嫌われます。自分の基準で測るので敵をつくりがち。人の言葉尻を気にしますが、人にはキツい言葉を発しています。

虎の人間関係

誠実で人に尽くす博愛主義者

基本的には、誠実で、博愛精神にあふれ、人によく尽くす親分肌の人です。生来のバランス感覚を活かし、常に柔軟性と客観性を保つように努めましょう。こだわりすぎて譲れなくなることも。

自分に甘く、人に厳しい点がトラブルになりやすいでしょう。プライドが高く、人に頭を下げるのが苦手なところも欠点です。相手を尊重すると対人面が安定します。謙虚さこそが人間関係を良好にするカギとなります。

虎のビジネス

みんなに平等で面倒見のよい親分

バランス感覚が抜群で器用なので、どの分野でもそつなくやり遂げます。世話好きで部下や後輩の面倒をよく見ます。スピード感はありませんが、決めると徹底して最後までやり抜く根性の持ち主。

気使い上手で誰にでも平等、人に厳しく自分に甘め。

ただし、思い込みが激しく自分の物差しを周囲に押しつけたり、意見が対立するとムキになって向かい、敵をつくります。

虎の恋愛

冷静に納得できる人を待つ

結婚を視野に入れ、上手に駆け引きしながら相手を観察して見定めます。

女性は本気になったら家族を捨てても突き進みます。恋人には精神的に尽くし、甘えん坊で独占欲も束縛も強い一面も。交際後は女性がリードします。

男性は好きになると誠心誠意尽くし、ダメだときっぱりあきらめます。理想通りにならないとキツい言葉を発しますが、信頼し尊敬してくれる人を大切にします。

虎の子育て

仕事と子育てを上手に両立

子育てと仕事の両立が上手な虎の母親。ママ友からも頼りにされるリーダー的存在です。子育ての手抜きをしない頑張り屋。

博愛の精神が強いので、他人の子どもを叱ることもあります。しかし仕事と子育てのバランスを崩すとイライラがつのってしまいます。

正義や真実を重んじる父親は、子どもにも反道徳的なことを許しません。平日は仕事にパワフルに励む熱血パパ、週末は家族中心の優しい父親です。

6 愛情あふれる虎

体力と気力に満ちた人情家

温厚、包容力のある楽天家にして、自由平等を愛する博愛主義者。誰にでも親切で、大物の素質十分です。体力的にも精神的にもタフで、明るく活発な印象を与えます。人に合わせるのは上手だけど自分にも他人にも甘く、ルーズになりがち。でも自分の心に忠実なので人を恨んだり後悔したりはしません。

- ラッキーカラー／黄
- ラッキーアイテム／ショートパンツ
- ホワイトエンジェル／21 落ち着きのあるペガサス
- ブラックデビル／51 我が道を行くライオン

43 動きまわる虎

デリケートで頭脳明晰な知性派

悠然と落ち着きはらったマイペースな人。デリケートな神経と知的で鋭い観察眼を併せもち、雑然としたものを整理してまとめる力をもっています。どんな人にも誠心誠意尽くして接しますが、相手にも同じものを求めて厳しくなりがち。人の上に立って面倒を見るのが好きで、人に指図されたり世話になるのを嫌います。

- ラッキーカラー／赤
- ラッキーアイテム／サングラス
- ホワイトエンジェル／8 磨き上げられたたぬき
- ブラックデビル／38 華やかなこじか

49 ゆったりとした悠然の虎

人間関係を上手に築く楽天家

元気で人見知りせず、警戒したり媚びることのない真心の人。包容力や母性的な受容性にあふれ、誰とでも積極的に付き合って交友範囲を広げ、その関係をすべて円満に保ちます。感受性が強く、とりこし苦労することもありますが、楽天的な性格なので思い煩うことはありません。大らかで母性的な包容力が魅力です。

- ラッキーカラー／黒
- ラッキーアイテム／ネイル
- ホワイトエンジェル／14 協調性のないひつじ
- ブラックデビル／44 情熱的な黒ひょう

54

楽天的な虎

優しく平凡を愛する安定型

気取らず、警戒心なく誰とでも平等に付き合える開放的な人。先入観をもたずに、常に公平なまなざしで物事を見つめます。自分に厳しくても他人には甘く、頼まれるとイヤといえない奉仕精神の持ち主なので、相談をもちかけられることも多いはず。素直だけど、筋の通らないことは絶対に譲らないガンコさも秘めています。

- ラッキーカラー／オレンジ
- ラッキーアイテム／リップグロス
- ホワイトエンジェル／9 大きな志をもった猿
- ブラックデビル／39 夢とロマンの子守熊《コアラ》

55

パワフルな虎

理想に向かって突き進む正義派

物怖じせず、お世辞も言わず、誰にでも論理的にものを言うので、一目置かれる存在。理想主義者で、理不尽なことは許せず、弱者を守るためには権力に立ち向かう闘志を秘めています。機転が利き、責任感と決断力があり「やるときはやる」頼もしい人物です。傲慢さもありますが、正義感の強さも魅力のひとつ。

- ラッキーカラー／茶
- ラッキーアイテム／ネックレス
- ホワイトエンジェル／20 物静かなひつじ
- ブラックデビル／50 落ち込みの激しい黒ひょう

60

慈悲深い虎

親切で頭の回転が速い人気者

純粋無垢で、繊細な気使いができるので交友関係が広く、同性からも異性からも人気者です。温厚誠実な人柄の持ち主。世話も大好きだけど、ひと言のお世辞で舞い上がってしまうお調子者。プライドは高く、自分の世界をもっています。頭の回転が速く何事にも柔軟に対応します。

- ラッキーカラー／紫
- ラッキーアイテム／カーアクセサリー
- ホワイトエンジェル／15 どっしりとした猿
- ブラックデビル／45 サービス精神旺盛な子守熊《コアラ》

ホワイトエンジェルはベストパートナー、ブラックデビルは避けたほうがいいキャラです。

たぬき

たぬきの性格がわかるキーワード

- 経験と実績を重んじる
- だまされやすい
- 行きつけの店しか行かない
- 古いものが好き
- 年配の人からかわいがられる
- 他人の話をすぐ自分の話にする
- 「はい、わかりました」と返事はいい
- 究極の逸品に弱い
- 根拠のない自信がある
- いつも出番を待っている
- 天然ボケの人が多い
- こじつけ、ごろ合わせが好き
- もの忘れや忘れ物が多い
- 大勢の人の前でも動じない
- 人の和を大切にする
- 化けることができる
- ファッションはトラディショナル
- 蕎麦が好き
- 同じ話をくり返す
- 実は負けん気が強い

経験と伝統を重視
愛嬌はピカイチの天然ボケ

たぬきは何事においても経験と実績、秩序を重んじ、上下関係を大切にする保守派です。器用とは言えませんが、勤勉で、与えられた仕事をコツコツとマジメにがまん強くこなし、どんな仕事もやり遂げます。

人の好き嫌いは激しいのですが、気配り上手で順応性もあるので、トラブルを収める潤滑油。お酒の席では楽しい人気者です。幹事を任せたら大張り切り。雰囲気よく予算通りの店を探します。控えめな対応で誰とでも親しくなれます。しかし実際には、かなりの負けず嫌いで自信家なので、自分の実力を発揮できるタイミングをじっと待っています。

期限の管理の甘さ、執着のなさ、忘れっぽさ、頼まれると何でも受け、断ったり本心が言えない点は、誤解やトラブルのもとになりやすいでしょう。融通が利かず、内にストレスをためて一気に爆発することもあります。

たぬきの人間関係

古風さや誠実さで慕われる

目上を敬う心、古風さ、誠実さが愛され、目上や周囲から引き立てられます。依存心が強く、どの人が自分を助けてくれたかと人を打算的に見るクセがあります。こだわりが強く、人の価値観を認められないところも。

人の好き嫌いは強いのに、争いを嫌い気持ちを外に出しません。それらが突然、爆発や衝突してしまうこともあります。少しずつ、本当の気持ちを表せるようになると対人関係がスムーズになります。

たぬきのビジネス

愛すべき縁の下の力持ち的存在

マジメで気配り上手、協調性があり、誰とでもうまく仕事ができるので、トラブルがあると収めてくれる潤滑油的な存在。人をよく見ていて、人選の手腕は見事です。

根拠のないトークと愛嬌で親しまれ、セールスや販売でも成功します。融通は利きません。約束を空返事してすっぽかすことも。頼まれると何でも受け、時間の管理の甘さが欠点。我慢して、ためていた不満を爆発させ、築いてきた人間関係を壊すこともあります。

たぬきの恋愛

ガードを固めて確かな相手を探す

プライドが高く、人を見る目は確か。交際後は相手を観察&計算します。

女性は恋愛に警戒心を強めますが、頼られると恋に落ちてしまいそう。仕事に情熱を傾ける誠実な人を結婚相手に選び、支えたいと思うでしょう。

「男性は女性を守り、女性は男性に尽くす」と古風な考え方の男性。本気になると仕事を放り出して熱中。自分を尊敬し信頼してくれる人との結婚を望みます。

たぬきの子育て

夫婦で協力して子育ての負担を軽減

いつも子どもが最優先。そのうえ、夫も大切にして、自分のことはつい後回しにしてしまうのがたぬきの母親。家族の喜ぶ顔を見ることで気持ちが満たされます。我慢強く、弱音をなかなか吐かないけれど、負担が大きすぎていっぱいいっぱいになるとキレてすべてを投げ出してしまうことも。

子どものことは妻に任せて、遠目から見守り仕事に励む父親。たまには妻の負担を軽くしてあげましょう。

2

社交家のたぬき

控えめでマジメで素朴な人柄

マジメで飾り気のない印象。孤独を恐れ、多くの人に囲まれていると安らぎます。強い自制心と警戒心を働かせて、控えめな態度で相手に合わせ、自分の出方を考えます。お世辞もウソも苦手で、人からは弱気で引っ込み思案に見られがちですが、実は理知的。「この人は自分にとってプラスになるか？」と計算高い一面も。

- ラッキーカラー／黄緑
- ラッキーアイテム／ガラケー
- ホワイトエンジェル／37 まっしぐらに突き進むゾウ
- ブラックデビル／7 全力疾走するチータ

8

磨き上げられたたぬき

温和だけど気性の激しさも

愛想がよく、イヤなことがあっても表情に出しません。穏和な印象で、目上の人からかわいがられますが、人を見る目は厳しく、隠し事などはすぐに見抜いてしまいます。おとなしい雰囲気ですがプライドは高く、激しい気性を秘めています。人の好き嫌いはハッキリ。伝統と秩序を重んじ「古きよき物」に価値をおきます。

- ラッキーカラー／白
- ラッキーアイテム／扇子
- ホワイトエンジェル／43 動きまわる虎
- ブラックデビル／13 ネアカの狼

41

大器晩成のたぬき

確実に実績を重ねる大物の器

受け身で人に接し、愛嬌もあり、誰からも好感をもたれる温かい雰囲気の持ち主。人の話をよく聞き、相手の期待に応えようとするので、自分の感情を抑えて疲れることも。本来は束縛を嫌い、自由気ままな行動を好みます。理屈っぽくなく、経験重視の現実派を自認するわりには、執着心はゼロで、常に前向きに進みます。

- ラッキーカラー／深緑
- ラッキーアイテム／文庫本
- ホワイトエンジェル／46 守りの猿
- ブラックデビル／16 コアラのなかの子守熊《コアラ》

47

人間味あふれるたぬき

控えめに見えて実は行動力のある情熱家

礼儀正しく、誠実・勤勉・忍耐がモットーの模範的人物。場をなごませ人間関係の摩擦を減らす天才です。若い頃から、すべてをあるがままに受け止める一種の「悟り」の境地に達しているので、あきらめや無関心な態度をとることも。でも内には闘志を秘めていて、目標を定めると、ものすごい集中力を発揮します。

- ラッキーカラー／グレー
- ラッキーアイテム／和小物
- ホワイトエンジェル／52 統率力のあるライオン
- ブラックデビル／22 強靭な翼をもつペガサス

ホワイトエンジェルはベストパートナー、ブラックデビルは避けたほうがいいキャラです。

子《コ》守《ア》熊《ラ》

子《コ》守《ア》熊《ラ》の性格がわかるキーワード

- サービス精神旺盛
- 昼寝が好きで、夜は強い
- ボーッとしている時が幸せ
- 競争意識が強い
- 負ける勝負はしない
- 最悪のケースを考えてから行動する
- ウソがバレたときの言い訳がうまい
- 一見おとなしい人が多い
- 毒舌で笑いをとる
- 出し抜いて勝つのが好き

- 計算高く、疑り深い
- 長期的展望に立って考える
- あとからあれこれと悔やむ
- 「一生モノ」の言葉に弱い
- 健康オタクである
- 温泉やサウナが大好き
- 空想癖がある
- 夢はカラーで見る
- 「下ネタ」が大好き
- カラオケが好き

ロマンチストで現実派
負け試合は絶対にパス

超長期展望型で、見通しが立てば今の困難などものともしません。損得勘定も上手で、利益があれば嫌いな人とも上手に付き合って、動かします。競争は好みませんが、負ける勝負はしません。じっくりと綿密な作戦を立て、念には念を入れて攻略。最後に笑うのは自分だと確信。子守熊《コアラ》の実力は、企画力、作戦力、社交力のたまものです。現実的、合理的でありながら空想好きのロマンチスト。

社交的で、サービス精神旺盛の人気者です。お世辞上手で、自分を売り込む術にもたけているので、自然と交際範囲は広くなります。相手に合わせて対応し、自分から反発しません。下ネタが得意。ウケと笑いを狙って毒舌を振りまきます。

負けん気が強いのに小心なところがあります。疑い深く不安も強く、保険は必須です。勝負は自らをかけず、人を上手に操り、失敗したときの保険もぬかりありません。ただし体力がなく、疲れやすいのでムリはききません。

子守熊《コアラ》の人間関係

絶妙な距離間で人脈をつくる

人の心を見抜き、先手を打ったり苦手な人からさりげなく離れることができます。マイペースで行動しますが、もう少しガードを緩くすると関係が広がります。

表向きは穏やかですが、内面は勝気で負けず嫌いで疑い深い面も。とくにトラブルはないのですが、周囲とかみ合わないことがあります。多少気に入らない人でも受け入れ、面倒見がよく人に尽くす自分のよさを活かして人付き合いをするようにしましょう。

子守熊《コアラ》の仕事

サービス精神旺盛で慎重派

慎重で保守的。人の心理を読み、相手に合わせた対応ができるので、仕切り上手で、リーダーとしての手腕もあります。

先見の明があり、長期展望型で損得勘定もしっかりできます。

企画力に優れ、組織の中核として活躍。サービス精神旺盛なので交際範囲が広く、自分を売り込むのも上手。出世は上司の攻略から。どうすれば気に入られるか綿密に考えてツボを攻めます。

子守熊《コアラ》の恋愛

恋は盲目、噂される恋も平気

人を見る目があり、慎重で疑い深いのですが、恋をすると熱中するのが子守熊《コアラ》の女性。衝動的に行動してスキャンダラスな関係も平気です。本心を見せず言葉を合わせて、トラブルになることもあります。

サービス精神旺盛な男性は、大勢いる場は大活躍ですが2人になるとおとなしくなります。交際後は、相手から得られる利益をちゃっかり計算。女好きで、恋人や妻がいても、プロのお店通いは継続。

子守熊《コアラ》の子育て

熱心すぎる子育てがストレスに

心配性で、ちょっとした不調でも病院に連れていく神経質な母親。子育てに熱心なあまり、自分が精神的に参ってしまうこともあるので適度なガス抜きを心がけましょう。

父親は常に長期的な展望をもって、子どもが生まれてから成人するまでの将来設計を考えます。そのために仕事は熱心ですが、家ではのんびりしたいタイプなので家事は協力的ではありません。時々夫婦ゲンカが勃発しそうです。

4 フットワークの軽い子守熊《コアラ》

社交家で、意志が強い頑張り屋

意志が強く、自分の夢に向かって長期的な展望をもってのぞむ人。明るくさっぱりしているけれど、神経質で、簡単に人の話を信じない疑い深さもあるようです。気が短くせっかちな半面、ゆったりくつろげる時間がないとストレスに。調子がよくて社交家ですが、本心を明かすのは数少ない親友だけです。

- ラッキーカラー／オレンジ
- ラッキーアイテム／ポシェット
- ホワイトエンジェル／59束縛を嫌う黒ひょう
- ブラックデビル／29チャレンジ精神の旺盛なひつじ

10 母性豊かな子守熊《コアラ》

母性豊かで世話好き

ものわかりがよく世話好きで、とくに年下から信頼されます。飾り気がなく安心して付き合える人です。自尊心が強く、疑い深い面もあるので、プライドを傷つけられると驚くほど怒ることが。障害にぶつかると、穏やかな外見とは逆に、激しさを見せます。行動のテンポは速く物事の処理もスムーズです。

- ラッキーカラー／紫
- ラッキーアイテム／入浴剤
- ホワイトエンジェル／5面倒見のいい黒ひょう
- ブラックデビル／35頼られると嬉しいひつじ

16 コアラのなかの子守熊《コアラ》

カンがよくてタフな楽天家

神経が細かく臆病ですが、楽天家で人あたりがソフトで好感をもたれます。今はダメでも最後に笑うのは自分だと思っています。好き嫌いが激しく、好きな相手には自分を投げ打って面倒を見ますが、嫌いな相手はいくら困っていても知らんぷり。敵も味方も多い人でしょう。カンがいいのでのみ込みが速く、厳しい訓練にも耐えられるタフな精神の持ち主。

- ラッキーカラー／黄
- ラッキーアイテム／アロマオイル
- ホワイトエンジェル／11正直なこじか
- ブラックデビル／41大器晩成のたぬき

活動的な子守熊《コアラ》

時代を先どりするカンの持ち主

素朴で飾り気のない無頓着な雰囲気ですが、実は神経質で敏感。頭の回転が速く要領がいいので、「できる人」と評価。涙もろく、人情派。カンが鋭く時代を先どりするのが上手です。政治家的要素があり、人生にロマンを求めながらも現実を見失わない人。両極端な性質のため、つかみどころのない人だと思われがち。

- ラッキーカラー／赤
- ラッキーアイテム／抱き枕
- ホワイトエンジェル／18デリケートなゾウ
- ブラックデビル／48品格のあるチータ

夢とロマンの子守熊《コアラ》

独特の個性が光るロマンチスト

あっさりしたイヤ味のない性格で、人のペースに合わせる交際上手。孤独が嫌いで、いつも人の輪の中にいます。物事の本質をすばやく見抜き、人を動かすのも得意だけれど、短気でやや衝動的な性格を自覚しているので、いつも自分を抑えています。感受性豊かで、独特なものの考え方をする個性派で、夢に向かって努力するロマンチスト。

- ラッキーカラー／黒
- ラッキーアイテム／スケジュール帳
- ホワイトエンジェル／24クリエイティブな狼
- ブラックデビル／54楽天的な虎

サービス精神旺盛な子守熊《コアラ》

気品と教養のあるロマンチスト

直感や美的感覚にすぐれたロマンチスト。親しみやすく、気品と教養があり、周囲の尊敬を集めます。争いのない円満な人間関係を望み、誰とでも同じ距離を保ち、サービス精神旺盛なので、八方美人と思われがちだけど、筋の通らないことや強い者に無条件で従うのは嫌い。自分に厳しく潔癖で、個人的な損得では動かない人です。

- ラッキーカラー／茶
- ラッキーアイテム／パワーストーン
- ホワイトエンジェル／30順応性のある狼
- ブラックデビル／60慈悲深い虎

ホワイトエンジェルはベストパートナー、ブラックデビルは避けたほうがいいキャラです。

ゾウ

ゾウの性格がわかるキーワード

- 努力家と言われるのが嫌い
- 細かい計算ができない
- スタンドプレイが多い
- キレたときは最も怖い
- 人の話を聞かない
- 根回しが得意
- 問題発言のプロ
- 「報・連・相」ができない
- 敵、味方の区別がはっきりしている
- プライドは高いが小心者
- 常に何かに打ち込んでいたい
- その道のプロ、職人を目指す
- 待たされるのが嫌い
- 相手を待たせることは多い
- 毛深い人は嫌い
- 金髪が好き
- デンと構えているようで細心
- 瞬間瞬間を生きている
- 他人から束縛されたくない
- 徹夜は平気

やると決めたら最後までやり通す 一度キレると手に負えない

ゾウは常に何かに打ち込んでいたいタイプ。仕事には慎重に熱心に打ち込みます。プライドが高くて小心者で、リーダー願望も強烈です 。利害に敏感で、根回しと地ならしは大得意。口下手でお世辞も言えず人間関係は苦手ですが、人に好かれようとも思いません。キレたらいちばん怖いのがゾウです。

受けた仕事は自分を追い詰め、石にかじりついても「俺たちに明日はない」という感覚で取り組むので、集中力抜群。手抜きせず、「今日のことは今日のうちに」をモットーに、徹夜も平気。職人気質で、「努力と根性」が美学で粘り強く目標を達成し、いつしか陰のリーダーになることを望んでいるのです。

自己中心で人に合わすことができないところが最大のウィークポイント。敵味方の区別を明確につけ、身びいきして、敵は徹底的に叩きのめします。目立ちたくて、個人プレイや問題発言が多い問題児でもあります。

ゾウの
人間関係

自信過剰とスタンドプレイは禁物

一途になると周囲が見えなくなり、自信過剰になると人の意見を聞かなくなります。周囲との協力を心がけて、相手を否定しないことで人間関係は広がります。

ひとりよがりで物事を進めてしまうと、周囲から協力が得られず孤立してしまいます。組織でのスタンドプレイは禁止です。

変人と見られることを気にしないのはよしとしても、人の意見にも耳を傾け、広い視野をもつようにしましょう。

ゾウの
ビジネス

責任感が強く堅実な陰のリーダー

円満で穏やか。粘り強く地道な職人気質で、責任をもって仕事をします。内心は利害関係に敏感で根回しや地ならしが得意。社交辞令が苦手で、無理に人に好かれようとは思いません。

リーダー願望が強く、スタンドプレイが多くなりがちで周りに迷惑をかけることもしばしばあります。目上の助言に耳を傾けないところや、挫折に弱い点は仕事ではマイナス評価になりかねないので注意が必要です。

ゾウの恋愛

誠実な相手かを見極めて恋へと発展

努力家で独立心旺盛。さばさばして、人を恐れず、度胸が座っているので、同性にモテるゾウの女性。恋愛は相手の中身を知ってから進展、結婚後は相手を操縦しつつ支えたいタイプです。

男性は、プライド高く慎重で引っ込み思案。女性と気軽な接触はできません。恋人同士になると自分勝手にぐいぐい押し、一方的に束縛してしまいがちです。知性と品があり、誠実な人が理想の相手。

ゾウの子育て

教育方針は母親が実権を握る

子どもは自由に育てるのがいちばんと言いつつ、自分の理想通りに育てようと必死になるのがゾウの母親。しかし子育て中は一家の中心は女性なのでそれが通ってしまい、子どもはプレッシャーを感じてしまいます。

父親は威厳があり、古風なところがあります。子育ての基本的な方針を決めたらあとは妻にお任せ。おおらかで放任スタイルの子育てです。子どもにとってはいい父親に映っているでしょう。

12 人気者のゾウ

頼りになるアニキ、アネゴタイプ

物怖じせず、積極的にテキパキ行動する頼りになるアニキ、アネゴタイプ。でもガンコな性格なので人付き合いは苦手です。甘えや依存心がないので、束縛されたりベタベタした関係は絶対にNO。冷静で周りの変化に惑わされることなく、自分の精神状態の安定をキープします。遊びも熱心だけど、仕事が優先する人です。

- ラッキーカラー／黄緑
- ラッキーアイテム／バラの花束
- ホワイトエンジェル／27 波乱に満ちたペガサス
- ブラックデビル／57 感情的なライオン

18 デリケートなゾウ

モットーは努力と根性

沈着冷静で、どっしりした風格。意志が強く、毅然とした態度に気品があります。プライドが高く潔癖で短気だけど、根は努力と根性がモットー。腹を割った付き合いをし、人の気持ちの裏読みはしませんが、利害関係には敏感です。隣の内緒話はしっかり聞いているのに、目の前の人の話を聞いていないという変なところが。

- ラッキーカラー／白
- ラッキーアイテム／トロフィー
- ホワイトエンジェル／33 活動的な子守熊《コアラ》
- ブラックデビル／3 落ち着きのない猿

31

リーダーとなるゾウ

外面は豪快、内面は素直な努力家

努力至上主義者、仕事は手を抜かず妥協もしません。人は人と割りきれず、相手を自分と同じレベルで考えるので、責任感のない人には窮屈がられることも。弱音を吐かない分、挫折のショックは大きいようです。外見は荒削りで豪快。内面は素直でひたむき、愛嬌があり、人と分けへだてなく付き合えるさわやかな人です。

- ラッキーカラー／深緑
- ラッキーアイテム／観葉植物
- ホワイトエンジェル／56 気どらない黒ひょう
- ブラックデビル／26 粘り強いひつじ

37

まっしぐらに突き進むゾウ

穏和で色気あって気配り上手

折り目正しく上品で、穏和な性格。色気があるのに異性に媚《こ》びたりしないため、同性に好感をもたれ、欲のないクリーンな印象を与えます。根気・忍耐力ともにある器の大きな人で、目標をもって努力し、淡泊なので、失敗してもグズグズ落ち込まずに切り替え上手。デリケートな一面もあり、細かな気配りが上手です。

- ラッキーカラー／グレー
- ラッキーアイテム／絵画
- ホワイトエンジェル／2 社交家のたぬき
- ブラックデビル／32 しっかり者のこじか

ホワイトエンジェルはベストパートナー、ブラックデビルは避けたほうがいいキャラです。

ひつじ

ひつじの性格がわかるキーワード

- 寂しがり屋で、ひとりぼっちが嫌い
- 異業種交流会が好き
- 名刺交換が楽しみ
- 仲間はずれにされると傷つく
- 「人のため」と言いつつ自分が優先
- 「いい人」と思われたい
- 自分の思いが通じないとスネる
- 感情的になりやすい
- 客観的配慮、気配りができる
- 好き嫌いが激しい
- グチ、ぼやきが多い
- お金にはきっちりしている
- 貯蓄が大好き
- 相手に気を使われると嬉しい
- 人から相談されると嬉しい
- はっきりものが言える
- 和を乱す人は大嫌い
- 本当の自分を出さない
- 約束は絶対に守る
- いつも過去を振り返っている

いつも世のため人のため 和を大切にする寂しがり屋

ひつじは「世のため人のため」が身上で、気配り上手で人のために走り回っています。我慢強く律儀な常識人。世間体を大切にするので責任感は強く、現実的な利害関係に敏感で計算も上手です。

人の本音を見抜き、優れた情報収集能力と、豊富な人脈を活かして、冷静かつ客観的に行動できるのはひつじの個性であり、魅力でもあります。

寂しがり屋でみんなと仲良くしたいと、仲間の和をつくるために気使い、仕切り屋をかって出ます。お世話をして喜ばれたり、相談をされるなど頼られたりすることに大きな喜びを感じるタイプです。

やや悲観的で感情的、寂しがり屋ゆえに不安が強く、落ち込むとグチやボヤキが増えるのがウィークポイント。本心を明かせず、頼るはお金。不安を感じると通帳を開き、貯蓄額をながめて自分を安心させます。

ひつじの人間関係

プライドが高くて妥協をしらず

プライドが高く、自分から折れたり、妥協することができません。指図されると意固地になり、独裁的な手腕が発揮できないと、壁にぶつかり八方ふさがりに。自分の本音を見せず、「私の本音を悟れ」というのは少々無理あり。周囲の人を困らせます。

自分の本音を少し明かしても、不利になることはなくかえって親しくなれるはず。相手の考えや欠点を受け入れることもいい関係づくりには大切。

ひつじのビジネス

集団と組織の和を重んじる常識人

律儀で義理がたく、世間体を重んじる常識人。責任感も強く、ルールや約束を絶対に守り信頼されますが、他人にも同様に強要することもあります。

親しみやすい性格なので、部下にはよき相談役となり、上司へはさりげない気使いで実力をアピールするのが上手。

冷静で客観的な判断力、情報通&情報収集力は強みです。人の本音を見抜くので、組織の中核として人事に手腕を振るいます。

ひつじの恋愛

冒険よりも安定志向

交際の最初は条件に合うか冷静に値踏みし、冒険はしないのがひつじの女性。しかし一定レベルを越えると一途になり暴走も。「尽くし」好きで、本気になるとおせっかいで、口うるさく仕切ります。

男性はいつも穏やかで誰にでも親切で堅実です。内心は好みが明確、プライドが高い自信家。とりあえずキープをつくり、損得勘定しながら本命を待ち、本命が現れると一途に情熱を傾け、暴走します。

ひつじの子育て

目指すは平均的な子育て

ママ友たちと足並みを揃えながら子育てを頑張るひつじの母親。「みんなと一緒」が理想なので、個性が強すぎると心配になってしまいます。世間体には気を使うので、礼儀作法にはちょっとうるさそう。

家事を積極的に手伝ってくれる父親は家族サービスが生きがい。近所付き合いも熱心で、「いいお父さん」と言われるのが快感。みんなの喜ぶ顔を見るのが幸せで頼りにされるとますます頑張ってしまいます。

14 協調性のないひつじ

ゆったり控えめで相談役が適任

ミエを張らず、ゆったりした雰囲気をもって、ゆるやかに生きる人。控えめなわりに、プライドが高いので、無理な押しつけは拒否し、自説を曲げることなく上手に要求を通します。

理想ははっきりしていて、より高い環境への飛躍が望み。人間関係や考えには偏りがなく、人に合わせるのが上手で、相談を受けるのが好きです。

- ラッキーカラー／オレンジ
- ラッキーアイテム／ＬＥＤ照明
- ホワイトエンジェル／49 ゆったりとした悠然の虎
- ブラックデビル／19 放浪の狼

20 物静かなひつじ

穏やかだけど実は強いガンコ者

人の意見に逆らわず、安全な道を行く慎重派。主観だけでは動かない冷静な人で、冒険はしませんが、理想は高く、周りに対して過剰な期待と夢をもっています。人当たりは穏やかですが、強い自我があり、考えを曲げないガンコな面も。人と交流したいけれど、ひとりでいたいという矛盾した不満を抱えています。

- ラッキーカラー／紫
- ラッキーアイテム／預金通帳
- ホワイトエンジェル／55 パワフルな虎
- ブラックデビル／25 穏やかな狼

23 無邪気なひつじ

寂しがり屋で駆け引き上手

大人になりきれない幼さが残る人。柔軟で心優しい寂しがり屋です。物覚えが速く器用なので〝人受け〟はバッチリですが、内心は恥ずかしがり屋。目立つのがイヤなので、めったに本音は言いません。だけど、本当は精神的な強さがあり、計算高い駆け引き上手。味方になりそうな人をホメまくります。

- ラッキーカラー／赤
- ラッキーアイテム／フィギュア
- ホワイトエンジェル／28 優雅なペガサス
- ブラックデビル／58 傷つきやすいライオン

26 粘り強いひつじ

控えめで気品がある努力家

物腰柔らかで奥ゆかしい気品のある紳士淑女。雑学知識が豊富で、話題に困らない社交家です。助け合いの精神を大切にし「和」を乱す人は許せません。だけど負けず嫌いの自信家で、思い通りにならないとスネることも。好きなことや興味のあることは完璧を目指して全力を尽くす、スキのない努力家です。

- ラッキーカラー／黄
- ラッキーアイテム／パソコン
- ホワイトエンジェル／1 長距離ランナーのチータ
- ブラックデビル／31 リーダーとなるゾウ

29 チャレンジ精神の旺盛なひつじ

温厚で負けん気の強さは人一倍

知的で聡明、謙虚な姿勢で人と接し、互いに助け合うことに喜びを感じる人。人当たりは柔らかで、落ち着いた態度と物静かな雰囲気が好感をもたれます。世の中の動きと経済的な側面に敏感で、交流の場にもよく顔を出します。負けん気の強さは人一倍。何でも自分でやり遂げる意志と粘りの持ち主です。

- ラッキーカラー／黒
- ラッキーアイテム／枕
- ホワイトエンジェル／34 気分屋の猿
- ブラックデビル／4 フットワークの軽い子守熊《コアラ》

35 頼られると嬉しいひつじ

情熱家のインテリ

義理人情に厚く、正義感あふれる楽天的な情熱家。自分なりの価値観をもって、誰の前でも臆することなく悠々と構えます。ひそかに自分こそ最高と思っているので指示や押しつけは嫌い。知的な構想力に優れていて、誰もが思いつかないことをポンと実現します。粘り強いけれど、調子にのると失敗も。

- ラッキーカラー／茶
- ラッキーアイテム／アルバム
- ホワイトエンジェル／40 尽くす猿
- ブラックデビル／10 母性豊かな子守熊《コアラ》

ホワイトエンジェルはベストパートナー、ブラックデビルは避けたほうがいいキャラです。

ペガサス

ペガサスの性格がわかるキーワード

- 気分屋、天気屋
- 長所はすごいが、あとは平凡
- 面倒くさがり屋
- いちいち細かく指示されるとダメ
- うなずきながら、人の話を聞いてない
- 人を使うのがうまい
- 豪《ごう》華《か》絢爛《けんらん》
- 大げさな人が多い
- 羽を見ると興奮する
- 社交辞令の天才
- 努力・根性は辞書にはない
- 自分で自分がわからない
- 天性の宇宙人
- 感情表現がオーバー
- 機嫌がいいとお人好し
- 臨機応変な対応に強い
- 束縛されると「ロバ」になる
- 直感と感覚で生きている
- ブランド品が大好き
- 外国人気質

ひらめき、発想は天才的 束縛を嫌うミステリアスな人

ペガサスは12キャラのなかで最もサラリーマンに不向きです。目標を定めず、駆け引きせず、批評を気にせず、敵をつくらず、執着も出世欲も成功願望もナシ。特異な発想力と才能があり、適所を得るとアートの分野で成功も。転職のたびに勝手にキャリアアップ。組織嫌いなのに組織に溶け込みます。

ひらめきと集中力でアートなどに打ち込みますが、そうでないと遊んでばかり。直感だけが頼りで、ドタキャンはただの気まぐれかと思うと、それで命拾いしたりも。人のよい穏やかな社交家で、日々そつなく人や物事と接し、どんなことがあっても臨機応変に対応できるのはペガサスの最大の魅力です。

気分屋の天気屋で、のっている時と、そうでない時の差が極端に違うので周りはどう接していいのかわからない時があります。思いのままに振る舞わないと自分らしくいられず、束縛されると何もできなくなります。

ペガサスの人間関係

直感と自分のカンに頼りすぎ

純粋で感覚的で、人がいいのでだまされてトラブルに巻き込まれることもあります。正直な人と付き合い、抜け目ない親友、物事を社会的に判断できる親友をもちましょう。

気まぐれや気分の急激な変化で、物事から急に手を引いたり投げだしてはダメ。周囲の人を困惑させます。感覚で話すと話が通じない相手もいます。環境などの影響を受けやすいので、逃げずに、自分にとってよいものを自主的に探して。

ペガサスのビジネス

ひらめきを仕事に活かす自由人

天性のひらめきを仕事に活かします。アイデア力や企画力があり、ブレインストーミングには欠かせない人材。クリエイターというより芸術家タイプの自由人です。

体制や集団行動は苦手で出世にはまったく興味ありません。出世して責任が重くなったり、組織を押し付けられたり、現場から離れるとイヤになります。人から細かい指図をされると嫌気がさしたり、気分によって仕事の質にムラが出ることもあるでしょう。

ペガサスの恋愛

新鮮で変化がある恋愛が好き

社交家でモテますが、内心は好き嫌いが激しく神経質で気まぐれな女性。恋は直感的でひと目惚れで始まり、最初がNOなら永遠にNO。心から安らげる相手がいたら結婚へとつながります。

男性にとって恋愛は、刺激と変化を与えてくれる生活の一部。感覚が合う人と自由に楽しみます。寂しがり屋ですが束縛は拷問なのです。恋愛と結婚の相手はまるで別人。男女とも離婚再婚、外国人との結婚もあり。

ペガサスの子育て

国際的に活躍する人にしたい

子どもが生まれても、基本的には何も変わらない母親。子どもの才能を見抜くセンスがあり、常識にとらわれずに子育てを楽しみます。子どもと個性が一致すれば、世界的に活躍する天才を送り出す可能性も！

自分が束縛を嫌う父親は、子どもを束縛しません。芸術家的な自由人なので、子育てにムラがありますが、子どもは逆に早く大人になります。国際感覚を身に付けさせるため、小さい時から留学プランを。

21 落ち着きのあるペガサス

感情表現が豊かで好奇心旺盛

愛嬌があって人なつこく、好奇心旺盛で他愛もないことに感激します。そのため感情表現がオーバーでおだてにのりやすいオチャメな人。外見的には穏和で社交的ですが、内心は神経質で警戒心旺盛。本心を悟られないよう、意識的に愛想よくふるまっている面も。好き嫌いは激しく、一度信用した人はとことん信じます。

- ラッキーカラー／深緑
- ラッキーアイテム／馬のオブジェ
- ホワイトエンジェル／6 愛情あふれる虎
- ブラックデビル／36 好感のもたれる狼

22 強靭な翼をもつペガサス

実はフレンドリーで理想を追う情熱家

ワイルドでどっしりした落ち着いた雰囲気から、気位が高くとっつきにくい印象を与えますが、気を許した相手にはざっくばらんに接します。相手の出方を鋭く見抜いて、臨機応変に対応。想像力、分析力、洞察力に恵まれています。人脈が豊富なリーダー的存在ですが、束縛されずに生きたいので、個人戦が好み。

- ラッキーカラー／黄緑
- ラッキーアイテム／コサージュ
- ホワイトエンジェル／17 強い意志をもったこじか
- ブラックデビル／47 人間味あふれるたぬき

27 波乱に満ちたペガサス

いつも明るい強烈な個性をもつ天才肌

近寄りがたさと同時に、気安さもある不思議な雰囲気の人。感受性も想像力も豊かな強烈な個性の持ち主です。いつもは明るく活発ですが、ややソーウツ的な面も。ウツになると神経過敏で飽きっぽく、たびたび方針を変えたりして長続きしないことも。意識的に大らかな態度で接するので、社交面での失敗は少ないようです。

- ラッキーカラー／グレー
- ラッキーアイテム／エルメスのスカーフ
- ホワイトエンジェル／12 人気者のゾウ
- ブラックデビル／42 足腰の強いチータ

28 優雅なペガサス

順応性と行動力はピカイチの下町気質

行動力があって若々しく一本気。竹を割ったような性格で、卑怯なことが大嫌い。情にもろく、お人好しです。内心を隠しきれないかけひきベタですが、要領よく振る舞えない不器用さはかえって魅力的。責任感が強くて理想に走りやすく、自分の意見は引っ込めないガンコ者。でも順応性・応用力にも恵まれています。

- ラッキーカラー／白
- ラッキーアイテム／クリスタル製品
- ホワイトエンジェル／23 無邪気なひつじ
- ブラックデビル／53 感情豊かな黒ひょう

COLUMN 1

「難しかった子どもとのコミュニケーションがスムーズになりました」――やまうち小児歯科

患者さんである子どもと、その親御さんの 12 動物のキャラをカルテに書き込んでいるのが、岐阜県にある「やまうち小児歯科」の院長の山内哲哉先生です。

相手が子どもなので、スタッフたちはコミュニケーションに手こずっていたようです。というのも、多くを語らない子もいるし、うまく説明できな子もいて、どうしてほしいのか、わからないことが多いのです。

ただでさえ、子どもにとっては歯医者は怖いところ。そのうえ、スタッフとのコミュニケーションがとれないと、もう歯医者には行きたくなくなるのでしょう。

そこで、カルテに子どもと親御さんの 12 分類のキャラクターシールを貼り、患者用のエプロンを MOON、EARTH、SUN と色分けしたのです。

するとひと目で個性がわかり、お口の中の状況の説明や、歯磨きの正しいやり方の説明など、いろいろな場面でのコミュニケーションがとりやすくなりました。

さらには親御さんとの対応もラクになったのです。

院長もスタッフも個性心理学の認定講師の資格を取得しています。患者さんとの相性も考えて仕事を割り振ることで、対応で困ることはなくなりました。そのおかげでキャンセル率も下がったのです。

もちろん、スタッフ同士の関係も良好です。

さまざまな人が出入りする病院です。人間関係が改善されると、スタッフ、患者さんの負担も減ります。

そして、何よりも院長のストレスが軽減したことがいちばんの収穫だったようです。

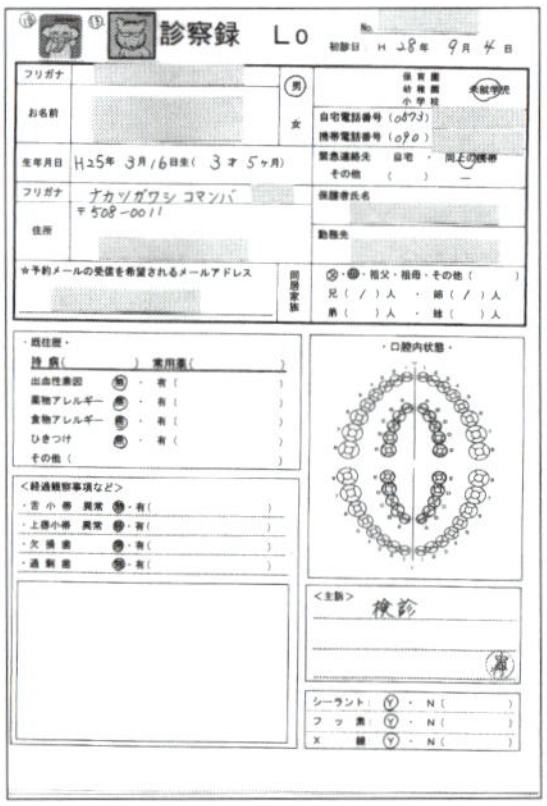

カルテの上部に記した、患者と親御さんの 12 分類の動物キャラで、個性や特徴がわかる。

PART 2 中級編

人間関係をスムーズにする6つの分析理論

6つの分析理論で自分と相手を深く知る

個性を分類することで相手を立体的に知る

PART1では「狼」から「ペガサス」までの12動物、さらには60動物のキャラに個性を当てはめることで、自分はどういう気質があるのか、気になる相手はどんな特徴があるのか、輪郭が見えてきたのではないでしょうか。

「こじかの私って確かにそんなところある」「チータの彼、欠点がぴったり」「ひとりよがりが好きな狼の上司とは合わないわけだ」と、「ある、ある」を共感できたはずです。

しかし人間関係をスムーズにするには、もう少し立体的に自分も相手も知る必要があります。つまり、いろいろな角度から人を観察すること。そこでPART2では、さまざまな方法でヒトを分類します。

12動物キャラ総合サークル

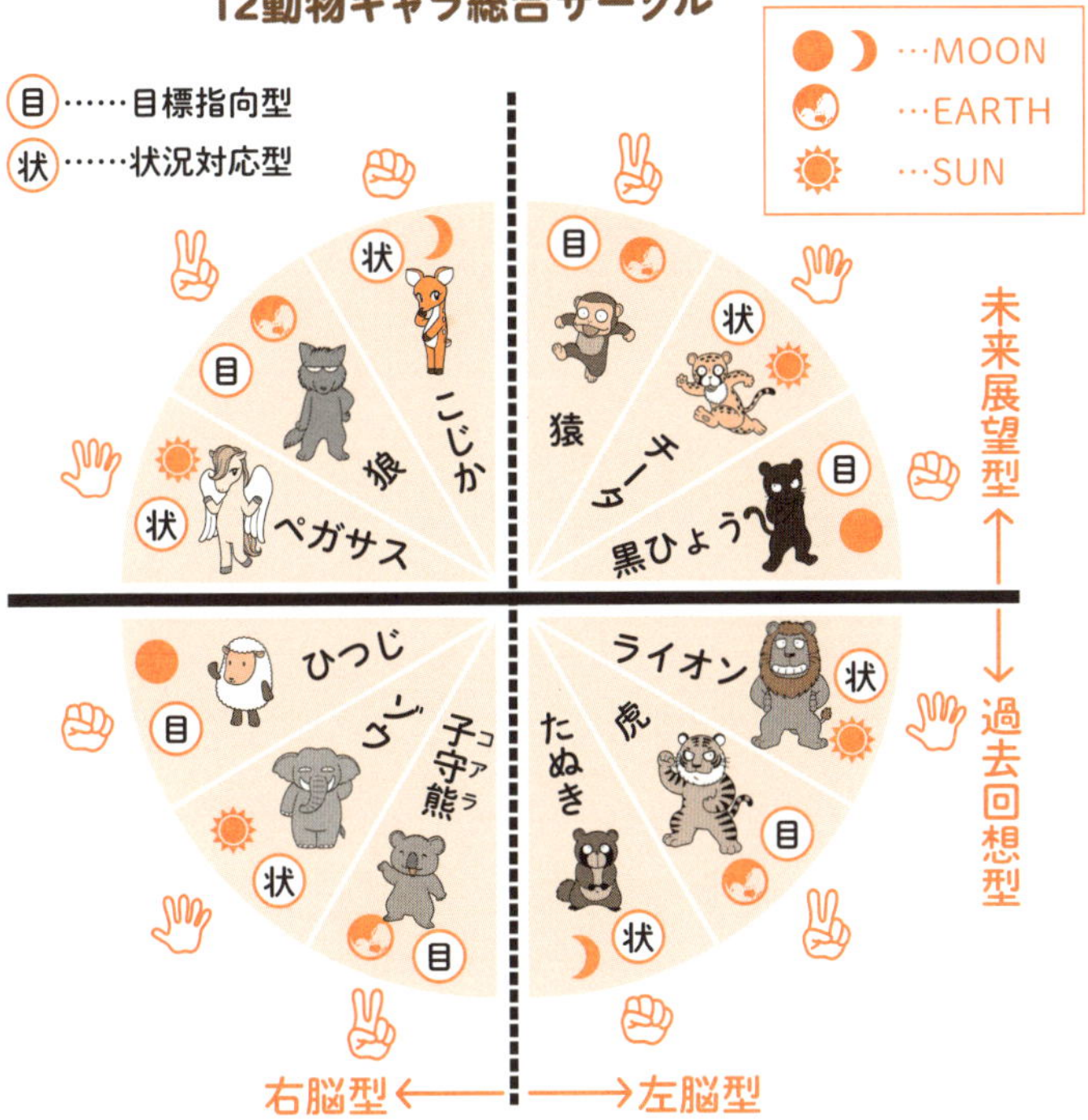

個性心理学では、６つの分類方法で、自分と相手をより深く知る方法を紹介します。

１つ目は、人間関係の観点からの３分類「**MOON**《ムーン》、**EARTH**《アース》、**SUN**《サン》」、２つ目は行動パターンからの２分類「**目標指向型と状況対応型**」３つ目は、心のベクトルからの２分類「**未来展望型と過去回想型**」、４つ目は思考パターンからの２分類「**右脳型と左脳型**」です。この分類を表したのが上の「12動物キャラ総合サークル」です。

さらに、「**本質・表面・意思・希望**」の４つの自分、動物キャラ間の力関係である12動物の「**リレーション**」も自分と相手を立体的に知るヒントになります。

分類することは、「やっぱりあの人とは真逆のタイプなんだ」と違いを強調することではありません。大切なのは共通点を見い出すことです。

ストレスにはいろいろ種類がありますが、人間関係におけるものがいちばん多いといわれています。思い当たる人も多いでしょう。

なぜかというと、相手との相違点ばかりが目についてしまうからです。それなのに、自分をわかってもらいたい願望が強すぎて、「なんでわかってくれないの！」となるのです。

例えていうなら、中国語しか話せない中国人に、フランス語で話しかけて理解させようとしているようなもの。通じない人との理解しようにもできない不毛なやりとりでは、お互いにイライラするのは目に見えていることなのです。

苦手な相手との人間関係の築き方や行動パターン、心のベクトル、思考パターンを知って、どんなことで腹を立て、どんなことで喜び、心を開くのかがわかれば、その人の扱いはもっとラクになります。

相手の地雷を踏まないように気を付け、喜ぶひと言、キーワードを口にすれば、相手も自然と心を開きます。すると、人間関係はもっと面白くなるはずです。

MOON・EARTH・SUN
——3分類、ジャンケンの法則で力関係がわかる

▼人間関係の築き方で3分類する

1つ目の分類は、12動物を「MOON《ムーン》、EARTH《アース》、SUN《サン》」に分けることです。この3つは人間関係における分類で、集団の中でどのようなポジションでありたいのか、人との付き合い方の傾向はどのようなものなのか、どういう人が苦手なのかがわかる分類方法です。

「月」「地球」「太陽」と名づけたのは、私たちに最も身近な衛星、惑星、恒星で、それぞれ密接に結びついていてお互いに影響し合い、干渉し合ってバランスを保つ関係だからです。まさに人間関係そのものです。

人間関係の分類ばかりか、お互いの力関係もわかります。これらがわかると、会社での配属部署、学校や塾での席・グループ分けの仕方にも応用でき、飛躍的に人間関係がよくなります。

あなたや気になる人の動物キャラはおわかりですか？（出し方は22～27ページ）

▼MOONのグループ（いい人チーム）

動物キャラは、「こじか」「たぬき」「黒ひょう」「ひつじ」。発生比率は約35％。

何事も人間関係がすべてで、「いい人かどうか」が意思決定の重要な部分を占めます。和を大切にして喧嘩《けんか》をしたくないグループで、「世のため人のため」が口グセです。

また、月をイメージしてもらえればわかりやすいと思いますが、柔らかで優しく包み込んでくれる感じがします。日本人的で、決して出しゃばることなくひっそりと輝いているのです。月は自ら輝くことはなく、太陽の光を反射しながら日々刻々とその姿・形を変えていくのも特徴です。「個性心理学」では「ＭＯＯＮ」だけが相手に合わせて動く「相手軸」とされています。喫茶店やレストランなどに行っても、「君は、何にする？」と相手の注文が気になってしまうのです。自分を相手に合わせてしまいます。

▼EARTHのグループ

動物キャラは、「狼」「猿」「虎」「子守熊《コアラ》」で、発生比率は最も多くて約40％。

ムダが嫌いで自分の時間や空間をとても大事にしています。自分と他人も明確に分けていますし、ビジネスとプライベートもはっきりと区別しています。

あいまいなことには耐えられず、「白か黒か」「YesかNoか」をはっきりさせたいのです。話は結論だけを聞きたいので、前置きなどはいりません。

本音派ですから、本音を言うところから人間関係はスタートします。ライバルが出現するとモチベーションが上がり、競争意識に火がつきます。負けん気が強いのです。

ペースを乱されるのが嫌いで、何事も計画を立てて、その計画通りに実行したいのです。常に目標が明確でないとストレスに感じてしまいます。コスト感覚は抜群です。

▼SUNのグループ(天才チーム)

動物キャラは、「**チータ**」「**ライオン**」「**ゾウ**」「**ペガサス**」で、発生比率は約25%。

太陽のイメージの通り、いつも光り輝いていたいグループです。組織内においても、ムードメーカーで、この人たちがいない職場は盛り上がりに欠けてしまいます。しかし、束縛される環境には弱いので、管理型社会では窮屈で生きていけません。

子育てにも通用しますが、自由放任主義でのびのびと育てることが部下育成法です。カンとヒラメキは天下一品で、「一を聞いて十を知る」くらい飲み込みは速いので、くどくどと長い話は禁物です。

力関係こそが人間関係を紐解くカギ

人間関係を理解するうえで、この「**MOON**」「**EARTH**」「**SUM**」のヒューマンリレーションがいちばん大切なのです。

これまでは、目に見えなかった人間関係における力関係を、「個性心理学」では極めてシンプルに解明しました。

「あの人には言いやすいけど、この人は苦手だ」とか、「あいつは俺の言うことをよく聞くけど、こいつは反発ばかりしている」などと感じることは多いですよね。

子育てにしても、父親派と母親派に子どもが分かれていることもあります。

109ページの図を見ていただけたらひと目でわかりますが、この3分類で見事なヒューマンリレーションが形成されていたのです。

誰にでもわかるように、このヒューマンリレーションの法則を「**じゃんけんの法則**」とも呼んでいます。

MOONはEARTH、EARTHはSUN、SUNはMOONを支配しやすい

「MOON」は頑固なグーで、「EARTH」はいらないものを切り取るハサミのチョキ、

月・地球・太陽の3分類とヒューマンリレーション（じゃんけんの法則）

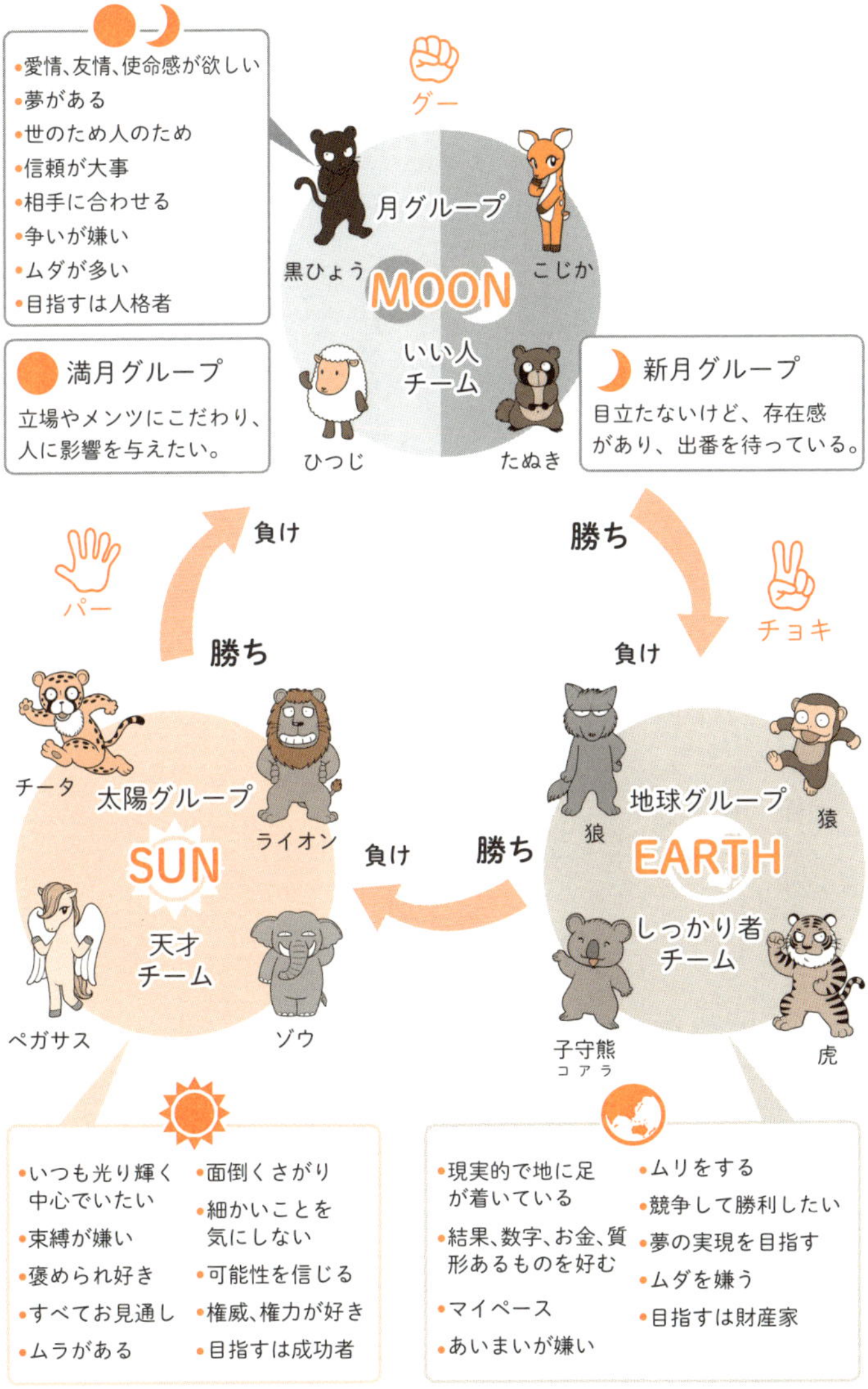

「ＳＵＮ」は外に向かって拡大・展開するパーです。

グーの「ＭＯＯＮ」の人間関係の築き方は、肉眼で相手の表情が見え、肉声でその声が聞こえる範囲です。

「ＥＡＲＴＨ」は、「じゃんけんの法則」でいうチョキ、つまりハサミなので、形がないものを形つくっていくし、ムダなものを切りとるのです。新しい人間関係もどんどん築くけれど、もうムダと思った人間関係はあっさりと切り捨ててしまいます。

「ＳＵＮ」はじゃんけんの法則ではパー。外に向かって拡大、展開する形を表していてエネルギーの発散も意味します。身内をかわいがるので、その包み込む羽を象徴しているのです。

「ＭＯＯＮ」は「ＥＡＲＴＨ」を動かしやすく、「ＥＡＲＴＨ」は「ＳＵＮ」を動かしやすく、「ＳＵＮ」は「ＭＯＯＮ」を動かしやすい、という力関係になります。

会社でいうなら「ＥＡＲＴＨ」の上司は「ＭＯＯＮ」、「ＳＵＮ」の上司は「ＥＡＲＴＨ」、

「MOON」の上司は「SUN」という関係が築けると比較的うまくいきます。

しかし、それぞれに個性があるからといって、それをうらやんだり、自分もそういう気質になろうとすることがいいのではありません。「MOON」が「SUN」になることも、「SUN」が「EARTH」になることもできません。うらやむのではなく、「アキラメル」つまり、認めることなのです。

また、このリレーションは、よしあしではありません。

仕事でも、夫婦関係でも友人同士でも、仕切るのが好きな人がいれば、仕切られるのが好きな人もいるはずです。逆リレーションシップだからうまくいく関係もあります。あくまでも個性の違いなのです。相性がよくないからといって、逆リレーションシップの人とは付き合わなかったり、自分が動かしやすい相手とばかり一緒にいても、刺激もなければ、成長も意味もありません。

人は与えられるだけでも、与えるだけでもダメなのです。GIVE &TAKEの関係こそが、良好な人間関係、ストレスの少ない関係だといえるのです。

人間関係

ケース1　閉ざした心の上手な開け方

苦手な人と接するとき、怒りが頂点に達してキレたときなど、誰でも心を閉ざすことがあります。でもその方法やタイミングも「MOON」「EARTH」「SUN」では全然違います。

「MOON」の場合、心のシャッターは故障中です。一度会っていれば〝他人〟という意識はなく、受け入れ、何かを頼まれると断れません。自分が犠牲になって、ケンカをせずに穏便《おんびん》にことを進めたいからです。そのためムダや負担に感じることも多くあります。

その半面、頼られたり、必要とされることにこの上なく幸せを感じるので、「MOON」の人へは頼りにしていることが伝われば、オープンハートになります。

「EARTH」の場合は、相手によって反射的に、自動で心のシャッターが開閉します。嫌いな人や関係のない人には心のシャッターを閉じてしまいます。利害が絡んだり、その人がいると便利、得となれば、心のシャッターは自動的に開きます。

自分以外の人はすべて〝他人〟と考えています。無理やり心をこじ開けようとするのは危険。

「ＥＡＲＴＨ」とは、上手に距離間をとって付き合うことが最重要課題です。

他人とみなされ、心を閉ざされたときは、「10分だけ話したいんだけど」と時限的にコミュニケーションの場をつくれば、一時的には心のシャッターを開けてくれます。

キレたときには瞬間的に心を閉ざすギロチンシャッターが「ＳＵＮ」です。シャッターの内側が身内で、シャッターの外側が〝他人〟という認識。身内には本当に面倒見がよく親切ですが、外側の他人には無関心です。派閥をつくるタイプは「ＳＵＮ」のグループです。

一度下りた心のシャッターは簡単には開きません。しばらくは放っておくしかないのです。「ＳＵＮ」がシャッターを下ろす前に、懐に入ることがポイントです。服従関係になるのではなく、ブランドや権威好きな「ＳＵＮ」の自尊心をくすぐるようにすると関係は良好になります。

POINT

「ＭＯＯＮ」へは、頼りにしていることを伝える
「ＥＡＲＴＨ」へは、距離を縮めすぎない
「ＳＵＮ」へは、懐に入って、心を閉ざすのを防ぐ

ビジネス
ケース2　謝り方しだいで怒りは収まる

何らかの被害をこうむったときに、相手に「責任を取れ」と責め立て苦情を言うクレーマー。その苦情が言いがかりと受け取れるときもあり、言われる側はたまったものじゃありません。さらには一緒にいる人や周りにいる人をも不快にさせます。面倒なクレーム処理も、相手の個性がわかれば迅速に対応できます。

例えば、レストランで注文したものと違うものが運ばれたとき、「MOON」へは誠意をもって謝れば、「もういいよ、次から気をつけてね」となります。反省の意を伝えることが大切です。しかし、謝罪を責任者に任せてしまっていたら、当の本人の反省の意思がないとみなして、絶対に許しません。「MOON」は〝気持ち〟を大切にする人だからです。

「EARTH」はどうでしょう。カフェで店員が水をこぼしてしまったとします。
「申し訳ありません。大丈夫ですか、すぐに拭きます」
「申し訳ありません。今日のお代は結構です」

「申し訳ありません。こちらはうちの商品券なので、次回、ぜひ使ってください」

さて、どの対応に納得すると思いますか。

答えは3つ目の対応です。水をこぼしたこと事態を怒っているわけではなく、水をこぼしてしまったことにどう対応してくれるのか、その思いを形にしてほしいという実質本位なのです。

「責任者を呼んでこい」というのは「SUN」の人。「SUN」は権力のある人に弱いので、責任者がお詫びにくることで、ストレスの半分は解消されます。

また、スタッフひとりひとりではなく、責任者に言えばその他スタッフ全員に言いたいことが伝わるという「SUN」独自の思い込みもあるのです。

POINT

「MOON」へは、誠心誠意謝る
「EARTH」へは、思いを形にする
「SUN」へは、責任者とともに謝ること

ビジネス

ケース3　成功率が一気に上がる売り込み方

商品の説明を一生懸命しているのに、その思いが届かない相手、ロジカルに話しても伝わらない相手など、上司や営業先への説明、プレゼンの場ではよくあることです。それは人によって響く言葉や手法が違うからなのです。

「MOON」は、自分を売り込む、「EARTH」は、商品を売り込む、「SUN」は、会社を売り込む。つまりひと言で売り込みといっても、その手段は人それぞれなのです。それがわかっていると、相手への攻略の仕方も見えてきて、営業やプレゼンの成功率が一気に上がるでしょう。

「MOON」のクライアントは、どんなに素晴らしい商品でも、有名な企業からのオファーでも、担当の営業マンが気に入らなかったら興味をもちません。

人柄を重視するので、物や会社のアピールをせず、謙虚な態度で、「あなたならこんな風に役立てることができます」など、相手の立場で提案したり話し合いをすることが成功のカギです。

「ＥＡＲＴＨ」のクライアントは、知らない会社の商品であっても、その使い勝手の良さ、品質や技術の高さ、コストパフォーマンスなどが素晴らしければ商談は成立します。

どんなに謙虚に、丁寧にふるまっても、会社がいかに素晴らしいことを話してもまったく響きません。商品そのものの良さをプレゼンしなくては成功はありえません。

「ＳＵＮ」のクライアントは会社のネームバリューを大切にし、ブランド力を重視します。「有名人の誰それさんも絶賛している商品です」「この業界では国内2位の業績なんです」と言えば、信頼度は一気に上がり、めでたくクロージングとなります。

POINT

「MOON」へは、自分を売り込む
「EARTH」は、物を売り込む
「SUN」へは、会社のネームバリューを売り込む

ビジネス・恋愛

ケース4　スマートな人間関係を築くいい訳の仕方

依頼していた仕事の納期が間に合わなかった、デートの時間に遅れてきた……というときには多くの人は言い訳をします。聞いていても腑《ふ》に落ちない、納得いかないこともあるでしょう。

こういう場合は言い訳の仕方によって、この後のあなたの印象は大きく変わります。

とにかく、すぐに謝るのは「MOON」です。

「本当に今日はすみませんでした」

「この前のこと、実はまだ怒っている？　あの時は本当にごめんね」

という調子です。「EARTH」や「SUN」からしてみれば面倒なのです。

しかし、怒らせた相手が「MOON」ならば、何度も何度も謝ることで許してくれるはずです。

「EARTH」は言い訳の天才です。あまり相手がしつこくぐちぐち言うと、相手の弱点を逆手に切り返してきます。問題をすり替えられた相手も、それには反論できません。

また自分が約束を守れなかったくせに、「そんなに言わなくてもいいじゃないか」「なんだよ、その言い方は」と相手を責めることもあります。

相手が「EARTH」だったら、謝ったら許す、それ以上はしつこく聞いたり、嫌みを言わないことが結果、自分をストレスから守ることにつながります。

「遅れてごめんね、おいしいもの食べに行こうよ」

「期限を過ぎてしまって申し訳ありませんでした。では次の企画を考えましょう」

と謝るのは一度きりで、すぐに別の話題に切り替えるは「SUN」です。

相手が「SUN」ならば、謝罪をきちんとしたうえで、相手の興味がある話題へと上手にスイッチすることであとくされなく、スマートな人間関係が築けます。

POINT

「MOON」へは、言い訳無用、ひたすら謝る
「EARTH」へは、言い方に注意
「SUN」へは、別の話題へと上手に移行する

子育て

ケース5　親と子のタイプで違う個性の伸ばし方

自分が育てられた方針が一般的、もしくは自分の子育てが平均的、なんて思っていませんか。子育てもまた、この3分類によって全然違います。

誰からも好かれるように育てたいのは「MOON」の親です。たくさん友だちがいて常識的な子どもが理想なので、外で知り合いにあったとき「〝こんにちは〟、は？」とあいさつをさせるのは「MOON」の典型的な行動です、ときに子どもは窮屈、面倒だと感じることもあるので、あまりにも自分の常識を押しつけないよう注意が必要です。

「MOON」の子どもは、自分の気持ちをわかってくれ、話を最後まで聞いてくれるかが重要。愛情をたっぷり注ぎ、しっかり話を聞いてあげることで素直に育つでしょう。

目的意識をもって結果を出せるように子育てしたいのは「EARTH」の親です。何事も計画通りにやらせたい、ライバルに負けない子に育てたいのです。勝ち負けにこだわるので、ケンカをして負けて帰ったら「負けるケンカはするな、もう一回行ってきなさい」となるわけです。子どもにとっては、相当なプレッシャーにもなりかねません。

「EARTH」の子どもには、きちんと子ども部屋を与え、お小遣いも決めてあげるのがいいでしょう。親の愛情の大きさを、与えられたもので感じますから。

有名になってほしい、海外で活躍してほしい、臨機応変に対応できる子どもになってほしいと望むのは「SUN」の親です。なんでもできて、頑張る子に育てたい、みんなから注目される子どもであってほしいのです。

一方、「SUN」の子どもは、褒《ほ》めて伸びるタイプの子どもです。枠にはめずに好きなことをさせてくれて、自分の気持ちや願望を優先してくれることに親の愛情を感じます。

POINT

「MOON」の子どもは、愛情いっぱいに育てる
「EARTH」の子どもは、叱って育てる
「SUN」の子どもは、褒めて育てる

目標指向型と状況対応型——結果が大切か、プロセス重視か

行動パターンによって2分類する

人間関係の謎を解明すべく3つの分類、「**MOON**」「**EARTH**」「**SUN**」をさらに2分類して行動パターンの違いを徹底検証します。分類方法は「**目標指向型と状況対応型**」です。103ページの12動物キャラ総合サークルをみてください。

「**目標指向型**」は「MOON」のなかでも満月に分類される「**黒ひょう**」「**ひつじ**」と「EARTH」の「**狼**」「**猿**」「**虎**」「**子守熊**《コアラ》」です。

特徴は、何事も計画を立てて、そのとおりに実行したい、目標を達成できないとストレスを感じる、期限が決められていないと動けない、結果重視などです。

一方、「**状況対応型**」に属する動物は「MOON」の新月の「**こじか**」「**たぬき**」と、SUN

の「**チータ**」「**ライオン**」「**ゾウ**」「**ペガサス**」です。

「目標指向型」とは真逆で、計画は立てるがその通りにいかなくてもストレスにならない、目標は方向性だけ決めればOK、あとは取捨選択しながらよりよいものを目指す、臨機応変、期限を決められるとストレスを感じる、プロセス重視です。

この2つの分類は、ほかの分類に比べて最も相入れないタイプで、人間関係において衝突や摩《ま》擦《さつ》が生じやすいのです。個性の違いから強烈に反発し合いますが、違う個性だからこそ、認めることができれば、補い合える関係へとなることもあるのです。

ちなみにカップルの約70%はこの2つの組み合わせ。つまり、違うものをもっている相手に惹《ひ》かれるのも事実なのです。

とはいえ、苦手な相手がどのタイプか分からない場合もあるでしょう。そんなときは、相手の行動パターンを観察してみてください。仕事とプライベートは明確に分ける、約束は「何日の何時、どこで」と日時と場所を指定、電話が途中で切れたらかけ直すなどが「目標指向型」、その反対が「状況対応型」なのです。

苦手なあの人の行動で、あてはまるものがあるのではないでしょうか。

人間関係

ケース6　ストレスにならない旅行の楽しみ方

待ち遠しくて楽しみでたまらなかった仲のいい友達や、彼との旅行ですが、終わってみたらぐったり、疲労困憊《こんぱい》で帰ってきたという経験はないでしょうか。

「目標指向型」と「状況対応型」の異なる個性で、時間の捉《とら》え方の違いが原因なのです。

「目標指向型」は、まず目標を設定して、そこから時間を引き算します。例えば、旅行先に何時に到着したいと決めて、そのためには何時に起きて、何時の電車に乗って……と計画を立てます。あらかじめ時間が決まっていないと不安だし、電車や飛行機に乗れなかったときのリスクばかりを考えています。

「状況対応型」はまったく違います。時間の感覚は足し算なのです。回遊魚のように自由に動き回って状況に対応したいので、あれこれ決まっているとストレスを感じます。朝、起きてから乗れる電車に乗る、という感じです。ムダもロスも多いですが、特急電車に乗れてしまったという運がいいこともあるのです。

旅行先に着くまででもこれだけの違いがある2つのタイプ。細かすぎる計画を立てる「目標指向型」に「状況対応型」はうんざりすることもあるでしょう。逆もしかりです。行き当たりばったりな「状況対応型」に「目標指向型」は振り回されっぱなしです。

しかし、誕生日から割り出して分類した個性は変えることができません。

「○○ちゃんの無計画なところに腹が立つ」「□□くんの計画通りの面白みのないところが退屈」と個人を責めると、せっかくの旅行も台無しです。

「状況対応型の○○ちゃんとだから、ハプニングが楽しみ」、「□□くんとの旅行は行きたいところは網羅できるから安心」と、個性を受け入れることで楽しみ方が変わってきます。

POINT

計画通りに満喫したい旅行は、「目標指向型」
ハプニングを楽しむ旅なら、「状況対応型」

人間関係

ケース7　ありがちな夫婦ゲンカのパターン

妻「今日、何時くらいに帰って来るの？」
夫「そんなの、行ってみないとわからないよ」
妻「夕食はいるの、いらないの？」
夫「仕事が終わるか、終わらないかもわからないし、急な来客があるかもしれないし……」
妻「じゃあ、帰る前に電話してね」

こんなやりとりは夫婦の間では日常茶飯事でしょう。しかし、夫が帰ってくる時間までに夕食の支度をする妻は大いなるストレスを感じています。

夫が帰宅する時間を逆算し、自分の仕事が終わってから子どものお迎え、買い物へ行き、子どもをお風呂に入れ、夕食の支度をするとなると、何時に帰ってくるのかがわからないと、それまでの行動を決められないのです。

まさに典型的な「目標指向型」なのです。さらに夫が、「帰る時間が1時間早くなった」「今日は部長と飲んで帰るから夕食はいらない」となると、妻はキーッとなり、ストレスに追い打ちをかけてしまい、ケンカが勃発《ぼっぱつ》するわけです。

計画性をもって家事をこなしたい「目標指向型」の妻に対して、「状況対応型」の夫は時間に縛られません。何時に帰ろうとも、帰宅すればいいと思っているので、「電話してね」と言われてもしないことがほとんどです。「9時に帰る」と言って、その時間に縛られることに夫側にはストレスになるのです。

こうした小さなすれ違いを繰り返し、積み重ねて大きなケンカになり、不幸にも離婚という結果になりかねません。相手の一挙手一投足に一喜一憂して、怒ってばかりいたら自分の心を消耗して運気を下げるだけです。こうした点以外で、相性のいい部分はないか、共通する部分は何かに視点を変えて相手を見るようにしてみましょう。

POINT

時間を決めて行動したい「目標指向型」
時間を決められるとストレスになる「状況対応型」

ビジネス

ケース8　知っておきたい上司の査定ポイント

一日のなかでも多くの時間を費やす仕事。それだけに、小さなストレスから心を病《や》んでしまうことも多くの人が経験しているはずです。年齢も性別も違って、しかも一緒にする相手を選ぶことのできない仕事での人間関係は摩擦が起こりやすいのです。

上司の評価の仕方について違和感を覚えたことはありませんか。

「目標指向型」の上司は、必ず目標を設定してから、達成するまで何度もトライさせ、目標達成能力があるかどうかを、いちばんの重要な査定ポイントとします。徹夜して頑張ったとしても何の評価もしてくれません。むしろ残業するのは無能だから、と考えるタイプです。

また、営業職の上司なら営業成績をグラフで示したがります。みんなの結果がわかるから、モチベーションが上がると思い込んでいるのです。

このタイプの同僚に、夕方になってから仕事を依頼するのは危険です。自分が立てた計画が崩れることをイヤがるので、受けてくれない可能性があります。依頼するのなら朝、仕事の進《しん》捗《ちょく》状況を聞きつつ期限を明確に伝えると、角が立たずにお願いできるはずです。

徹夜してまで頑張っている姿に感動するのが「状況対応型」の上司です。プロセスを重視し、必ず努力は報われるとねぎらってくれるはずです。残業している部下への評価が高く、残業後には食事に誘いたがります。

営業職の上司は、直行直帰が多く、会社に縛られるのを嫌います。営業成績もグラフなどで示して優劣をつけるのは苦手で、かえってモチベーションを下げてしまうと考えています。

また、このタイプの同僚に仕事を頼むときは、顔色を見ながらタイミングを見計らうのがいいでしょう。

「手が空いているときに」とか、「できるだけ早くお願いできますか」と期限を具体的に伝えないことが相手を不快にさせないコツです。

POINT

達成能力を評価する「目標指向型」の上司
取り組む姿勢を評価する「状況対応型」の上司

恋愛 ケース9　うまくいくデートでのレストラン選び

女性「今日のごはん、何を食べようか」
男性「何でもいいよ」
女性「何でもいいじゃわかんないよ、じゃあ、イタリアンにしようか」
男性「昨日パスタだったから違うのがいいな。和食とか中華って感じ」
女性「何でもいいわけじゃないじゃん！」

よくありがちなカップルの会話です。しかしデートのたびにこれでは、女性はストレスを感じてしまいます。

付き合い始めの頃は、「私に合わせてくれて優しい人」と思うかもしれません。しかし、しだいに、「何でもいいって、せっかくのデートなのにいい加減すぎる。優柔不断で、食べたいものすら自分で決められない人」との評価に変わるのです。

このカップルの場合、女性が「目標指向型」、男性が「状況対応型」です。「目標指向型」の女性は特定のなにかを食べるという目標に向かって、よりおいしい評判のいい店を探したがります。だから「何でもいい」はありえないのです。

ところが「状況対応型」の男性は、空腹を満たすことが食事の目的で、何を食べるかでなく、彼女との時間が楽しければいいのです、予定していた店の途中でおいしそうな店が見つかれば、「ここよさそうだから入ろう！」と気分しだいで、行き先をコロコロ変えてもまったく気になりません。むしろ、その状況を楽しみます。

この予想外の行動に、女性は「もう！　せっかくフレンチを食べようと思っていたのに」となるわけです。

食事をする行為に対してこれだけ2人のアプローチが違うのはもちろん個性のせいです。個性がわかっていれば、「そういう思考回路なのね」と受け入れられるのに、違いがわかっていないと、恋人個人を責めて心は離れ、やがては破局するのは時間の問題です。

POINT

特定のものを食べたい「目標指向型」
空腹が満たせればいい「状況対応型」

子育て
ケース10 なぜ違う？ 学校の先生の評価基準

子どもが通う学校は選べても、担任の先生は選べません。去年の担任の先生からはすごく評価が高くてかわいがってもらい、成績もそこそこよかったのに、担任の先生が代わったら先生からの評価が低く、成績が下がったという親御さんがいました。

同じように学校に行き、勉強しているのに、なぜ、こんなことが起こるのでしょうか。

それは担任の先生の評価するべきポイントが違うからです。

「目標指向型」の先生は、「状況対応型」の子どもを評価しません。宿題にしても、学校の行事にしても、勉強に取り組む姿勢にしても、目標を立ててそれに向かい達成することが何よりも大切だと考える「目標指向型」の先生は、「状況対応型」の子どもは、計画性がない、達成意欲がない、ルーズでだらしがないと判断してしまうからです。

状況にうまく対応できる能力や順応性などのよさよりも、自分との違いばかり気になってしまいます。

どんな状況でも臨機応変に対応して、いかに目標までたどり着くか、プロセスを重視する「状況対応型」の先生にとって、「目標指向型」の子どもは評価が低くなります。「目標指向型」の子どもは、融通が利かない、何かあったときいつもあたふたする、応用が利かない、臨機応変な対応ができない、聞いたこと、言ったことしかやらないというふうになるわけです。

計画性があって、それに向かって達成する姿勢がすばらしい、とは評価してもらえないことがほとんどです。

こうした違った大きな2つの価値観があることを、親は知っておく必要があります。「あの先生、うちの子のことなにもわかっていない」と先生個人を攻撃したり、自分の子どものことを嘆いたりする必要はありません。そうしたとしても、子どもの評価は変わらず、むしろ自分のストレスがたまるばかりです。

POINT

計画性や達成能力を評価する「目標指向型」の先生
対応力を評価する「状況対応型」の先生

未来展望型と過去回想型
——未来を見て進むか、過去を振り返るか

▼心のベクトルによって2分類する

次の分類は「**未来展望型と過去回想型**」です。

「**未来展望型**」は、「**ペガサス**」「**狼**」「**こじか**」「**猿**」「**チータ**」「**黒ひょう**」です。このグループはいつも希望的観測で物事を見ますので、プラス思考で楽観主義者です。過去は振り返らず、将来のことだけを考えるので、同窓会にも行きませんし、試験勉強で過去問題をすることもありません。旅行の際は、手ぶら状態で現地調達派ですし、万が一に備えて保険をかけることは少ないでしょう。

過去を切り捨てて身を軽くして、明るい未来を想像します。仕事でも恋愛でも障害があるとわかっていても、「どうにかなるさ」と見切り発車をしてしまうこともあります。

「**過去回想型**」は「**ライオン**」「**虎**」「**たぬき**」「**子守熊**《コアラ》」「**ゾウ**」「**ひつじ**」です。このグループは、

過去を振り返ることが好きで、悲観的に物事をとらえる傾向があります。他人から見るとマイナス思考だと思われがちですが、その分リスク回避能力にたけています。

過去から何かを学ぼうとするので、試験勉強で過去問題に励むのは「過去回想型」です。卒業アルバムを見たり、同窓会をするのが好きなので、幹事を引き受けている人も多くいるでしょう。

常に「何かあったらどうしよう」とリスクを想定してしまい、石橋をたたいて渡る慎重さはありますが、フットワークの軽さには欠けます。

身軽系の「未来展望型」は、身重な「過去回想型」に対してヤキモキしますし、なかなか行動に移せない様子を見て、「考える前に行動しようよ」とイラだちを感じます。

「過去回想型」は「未来展望型」に対して、「先のことしか考えてない」と軽率にすら思うことがあるでしょう。

ちなみにこの2つの分類の見分け方は、考え事をするときに上を向くか、下を見るかです。例えば「昨日の夕飯、何を食べた?」と聞いてみてください。天を仰いで考えているのは「未来展望型」、下を見てじっと考え込むのは「過去回想型」です。

人間関係

ケース11　リスクへの備え方で離婚も!?

夫「こんなに荷物が多いのに、傘もコートも持って行くの？」
妻「旅行先で突然雨が降ってきたり、寒かったらイヤだし。備えあれば憂いなしなのよ」
夫「どうせ使わないいなら持って行くだけムダなのに……」
旅行の準備をしている夫婦の会話です。あきらかに夫はあきれています。

「未来展望型」の夫は旅行する際、必要最小限、ときには手ぶら状態で行くこともあるでしょう。現地で調達すればいいいと思っているし、物がないことがリスクだとは考えていません。

反対に「過去回想型」の妻は、いかなるリスクにもできるだけ備えておきたいのです。だから旅行や出張、外出するときはいつも荷物が多いのです。

「もし何かあったら……」と考えて、用意周到なのです。

こうしたことは旅行だけでなく、家の中でも起こること。どんどん荷物が増えていく可能性があるのです。その最たる例が防災グッズです。

緊急時のために、10年もつ水をストックしておくのは「過去回想型」の妻で、それを日常的に飲んだり、料理に使ってしまうのが「未来展望型」の夫という感じです。

はじめはささいなことだけど、何年も続けば、

「私がいざというときのために準備しておいたものをなんで使うの？」

となり、実際に使うことがあれば、

「あなたのせいで、あるはずの水がないじゃないのよ」

となるわけです。そしてケンカばかりの日々でやがては別々の道を歩むことにもなりかねません。離婚は性格の不一致か性の不一致、ほとんどがこの2つが原因です。しかし性格の不一致は、お互いの個性を知ること、認めることでイライラも減らせるし、避けられるのです。

POINT

「未来展望型」は、リスクを考えない現地調達タイプ
「過去回想型」は、リスクから考える用意周到タイプ

ビジネス

ケース12　お客様の心をつかむひと言とは？

自社の商品をクライアントに説明するのも、店頭に並んでいる商品を一般のお客様に売るのも、相手が企業でも一般の人でもプレゼンには変わりはありません。

どのようにプレゼンをしたら相手の心に響くのかわかりますか。誰にでも一様に、商品のよさやスペックの高さだけを説明したのでは、どんなにいいものでも売れません。

伝説の営業マンというのは、どんなものを売っても、売れるコツを知っているのです。それは相手の個性に合わせたニーズ喚起ができるからなのです。

「この商品があればこんなときに便利で、ほかにもこんなことに使えるのに、この価格だからとてもお得ですよ」とか、

「この洋服、すごくお似合いですよ。いいですね。カジュアルにも着られるし、きちんと感があるのでお仕事でもいいですよ。すごく素敵《すてき》です」

と言われて喜ぶのは「未来展望型」です。お客様は、これを買ったら便利なんだ、素敵なん

だ、と未来への希望が膨らみ、ワクワクしてくるでしょう。

「これさえあれば、震災のときに必ず役に立ちますよ」

「この洋服1枚持っていれば、お持ちのシンプルなスカートやパンツとの相性もぴったりです。買わないのはもったいないくらいですよ」

と、リスクに対して売りたい商品がいかに必要かを強調し、購買意欲を引き出すと有効的なのが「過去回想型」の人です。

同じ商品を売るにも、商品のよさをどういう視点で伝えれば相手の心に響くのか、納得するのか、欲しいと思わせるのかを考える必要があります。相手の個性に合わせて言葉を選ぶことができれば、面白いように営業成績が上がるはずです。どんな商品やサービスを売るのにも、相手によってアプローチを変えるのは有効な方法です。

POINT

相手へのメリットを重視する「未来展望型」
リスク回避を説明する「過去回想型」

ビジネス

ケース13　経理部と営業部は、なぜ対立するの？

経理部「○○さん、いったいこの経費、何に使ったんですか？　どうしたらこんなに高い金額になるんでしょうか」
営業部「A社の接待ですよ。わが社にとっては大きなプロジェクトですから、今年の最重要クライアントです」
経理部「仕事をとる前に、こんな経費の使い方をしていたら零細企業のわが社はつぶれます」
営業部「この仕事が取れれば問題ないんじゃないですか？」

この会話はどれだけ続いても、平行線でしょう。

「営業部は経理の苦労を何もわかっていない」

「経理部は営業部のおかげで給料が出ていることを知らなすぎる」

と、お互いを責め合い、摩擦《まさつ》が起こり、事あるごとにこの言い争いが起こるのです。

経費を使うことに関して、なぜまったく違う意見でぶつかり合ってしまうのでしょうか。

それは経理部のスタッフが「過去回想型」、営業部のスタッフが「未来展望型」と異なる心理ベクトルだからです。


「過去回想型」の経理部は、どんなことも慎重に対応して経費を優先させます。こういう経費節減派の人が経理部だからこそ、会社のお金は守られているのでしょう。

「未来展望型」の営業部は、可能性を追求するので売り上げを優先するのです。つまり、先行投資をして〝損して得取れ〟で、失敗したときのことは考えていません。

お互いの立場で会社を守っていることを理解し合えば、「いつも悪いね」「頑張って大きな仕事、取ってきてくださいよ」といたわり合いの言葉が生まれ、衝突は小さくなるのですが……。

自分の個性だけを受け入れてもらおうとすると、衝突はなくなりません。

POINT

「過去回想型」へは、「いつもありがとう」「未来展望型」へは、「頑張って」のひと言

恋愛

ケース14　恋人関係を台無しにする口論

彼「ごめん、このマグカップを洗っていたら手がすべって割れちゃった」
彼女「えー、これ会社を辞めるときに同期のみんなにもらって大切にしてたのに……」
彼「いいじゃん、新しいものを買えば。Aショップにすごくおしゃれなカップがあったよ」
彼女「あなたっていつもそうね。私のハンカチをなくしたときも、酔っぱらって眼鏡を壊したときも、まったく反省なしだったし……」
彼「もういいじゃん、過去のことなんて。これから気をつけるよ」

この会話、耳が痛い人もいるでしょう。彼女が彼に愛想をつかすのは時間の問題です。もしくは彼が彼女をうっとうしいと思ってしまう日が来るかもしれません。

「過去回想型」の彼女と、「未来展望型」の彼の典型的な口ゲンカのパターンです。

過去の事が気になる「過去回想型」の彼女にとって、楽観的で過去は気にしない「未来展望型」の彼の態度が気に入りません。一方、彼も彼女を、謝っているのに過去のできごとを蒸し返してぐちぐち言う、面倒な女だと思い始めています。

このカップルは、ドライブでガソリンの警告ランプがつくと、こんな口論になるでしょう。

彼「まだ30～40キロは走れるから大丈夫だよ」

彼女「何言ってんの！　走れなくなったらどうするの？　さっき給油しておけばよかったんだよ。もう開いているスタンドないかもよ」

ガソリンの警告ランプがついてもお構いなしの彼を、「もし車が動かなくなったら……」とリスクを考えてしまう彼女は理解できるはずもありません。ガソリンの残量が気になる彼女は、運よくスタンドを見つけたときに、給油を提案するしかありませんね。何事も気にしないのは彼の個性なのですから。

POINT

マイナス思考でリスクが気になる「過去回想型」
プラス思考で楽観主義者の「未来展望型」

子育て

ケース15　やる気のスイッチを入れる方法

子どもの能力を最大限に伸ばしたいと願うのは、親なら誰でも同じです。特に受験を控えていたら子どもだけでなく、親でも必死な人はたくさんいます。

どうしたらやる気になってくれるのか、何をしたら成績は伸びるのか、と日々悩んでいることでしょう。子どものやる気にスイッチを入れる方法は、２つのパターンに分かれます。

「がんばればA高校に入れるんだから、もうひと息よ。成績も上がってきているし、努力は必ず報われるから」

「遊んでばっかりいると、A高校にも入れないわよ。現状の安全圏でみると、志望校のランクは１つ落としたほうがいいかもね。お母さん、知らないから」

となります。前者は「未来展望型」の母親ならではの言い方です。

「合格率60％なんだから大丈夫だよ、受かったも同然」

とモチベーションが上がるのは「未来展望型」の子どもだけです。

「合格率60％だけれど、40％の落ちるほうに入ったらどうしよう」

とネガティブになるのが「過去回想型」の子どもです。

「遊んでばっかりいると……」は「過去回想型」の母親の発破《はっぱ》のかけ方です。

「ふーん、別にほかにも行ける高校はあるし、滑り止めもあるからなんの問題もないじゃん」

となり、親の言葉が響かないのが「未来展望型」の子どもです。

「もうどこへも行けないんだ……頑張らなくっちゃ」

と静かに闘志を燃やすのが「過去回想型」の子どもです。でも、あまり叱咤《しった》してはいけません。自分を追い込んでネガティブ思考が強くなって落ち込みが激しくなります。しばらく口を出さずに見守ることで、目標達成意欲に火がつきます。親も我慢のときです。

POINT

プレッシャーをかけると頑張る「過去回想型」の子ども
見守られるとやる気になる「未来展望型」の子ども

右脳型と左脳型
――精神的満足か、経済的満足か

▼思考パターンによって2分類する

次の分類は思考の傾向による「**右脳型**、**左脳型**」です。

「**右脳型**」のグループは「**子守熊**《コアラ》」「**ゾウ**」「**ひつじ**」「**ペガサス**」「**狼**」「**こじか**」です。

このグループの特徴は、何事も直感やイメージで考えることが多いのです。想像力が豊かで、非現実的なことや、非日常的なことを考える傾向があります。

また、職業選びにも特徴が出るのですが、金銭的・経済的満足より、精神的満足を求めます。医師や弁護士、大学教授、牧師、僧侶などお金儲けが楽しい職業ではなく、コンセプトを売る職業を選ぶことが多いでしょう。

「**左脳型**」のグループは、「**猿**」「**チータ**」「**黒ひょう**」「**ライオン**」「**虎**」「**たぬき**」です。

このグループは、理論や計算で考えることが多い人たちです。常に目の前にあることを現実的にとらえて、ビジネスの世界や集団のなかでたくましく生きていきます。

また経済的満足を求める傾向にあるので、商社マン、金融マン、営業マン、職人、技術者などビジネスの世界に生きる職業を選ぶでしょう。


私の講演会では、席順を「右脳型」と「左脳型」に分けて話し合う時間をつくるのですが、そのときのテーマでよく使うのが、「宝くじで1億円当たったら、何を買いますか」という質問です。

この回答は、面白いほど「右脳型」と「左脳型」に分かれます。

「右脳派」は世界一周旅行、施設や恵まれない人に寄付をする、ボランティアに使うといった目に見えないものや、自分の満足に価値観を見いだしている人が多いようです。

「左脳派」のグループは、家を買う、車を買う、貯金をする、運用するといったように、目に見えるものや形に残るものを選ぶ傾向にあります。

思考の傾向の違いは、何を優先するのか、価値観の違いにもなりますので、その相違がトラブルにもなることもあれば、認め合うことにもなります。

人間関係 ケース16 お金の価値観の違いは悲劇を招く

妻「今年は昇進してお給料、増えそう？」

夫「そんなことわかんないよ、昇進願望ないし、今の給料でそこそこ暮らしていけるんだから、何の問題もないでしょ？」

妻「何言っているの！ マンションのローンだってあるし、子どもの教育費だってこれからかかるし。夏にはエアコンを買い替えないといけない。出費はかさむ一方よ。私のほうが稼いでいるくらいじゃない」

夫「おまえは何で〝金、金〟って言うんだよ……」

ありがちな夫婦のやりとりです。これはお金への考え方や価値観の違いで起こる衝突で、実は「右脳型」と「左脳型」の違いによって起こりやすいケンカです。

「お金の切れ目は縁の切れ目」と言うくらいだから、お金への価値観は、ずれ始めた時点で少しずつ軌道修正をしていかないと、悲劇的な結末を迎えることになります。自分の価値観とは違う考え方があることを理解しておかなければいけません。

さて、この会話の場合ですが、妻は「左脳型」、夫が「右脳型」です。妻の満足度を図るのはお金、金銭的な裕福さです。お金に執着心もあるし、だからこそ稼ぐのも上手。起業家や社長になる人、昇進する人が多くいます。

一方、夫は「右脳型」なので、給料が上がった、下がったということより、今の仕事にやりがいがあるのかが重要で、精神的に満たされていることが、なによりも満足度が高いことなのです。

相反するタイプの夫婦はお金の使い方、貯め方、増やし方とお金にまつわることでもめます。お金の管理が上手な「左脳型」に、いっそ管理すべてを任せてしまうのもひとつの手です。「左脳型」が家計の責任をもち、やりくりもすれば、家計はうまく回ります。

POINT

金銭的な余裕こそが満足の「左脳型」
心の豊かさこそが満足の「右脳型」

ビジネス
ケース17　共感するCMは、どっち？

新しい化粧品や薬の発売を前に、CMをつくるとします。次のA、Bどちらに共感しますか？

A　映像や写真、抽象的な言葉などイメージによって新商品を伝えるCM

B　理論的に順を追って、またデータに基づいて新商品を伝えるCM

Aと回答した人は「右脳型」です。

美しい映像や写真を見ることで、その商品の想像をもっともっと素敵な方向へとイメージをふくらませていくのです。

例えば、資生堂のシャンプー「TSUBAKI」のCMが好みだと思います。旬の美しい女優さんやモデルさんのつやめく髪の毛だけがこのCMの主な構成要素です。椿オイルの成分が美しい髪の毛をつくるということを全面に押し出しているわけではありません。

美しい髪の女性と椿の映像だけで、イメージを駆り立てられるのです。

CMに限らずプレゼンでも「右脳型」の人に、いかにいい成分が入っているかなどを力説しても、残念ながらまったく響きません。ビジュアルに訴えることが、プレゼン成功のカギです。

Bと回答した人は「左脳型」です。

風邪薬のCMで、広瀬すずさんが出演している「新コンタックかぜEX」は、「のどが痛い。熱が出た。ねらい撃ち！ イブプロフェンで、ねらい撃ち。コンタックEX」とリズムに乗せて歌っているのが印象的です。

どんな症状の風邪に、どの成分が効くのかをうまく織り交ぜてコマーシャルをつくっています。「左脳型」の人はこういう理論的に作られたものに共感し、買いたくなる傾向があります。

しかしイメージだけが先行したCMでは、「それで何かいいの、この薬は？ このコスメは？」となり、興味をもてないのです。

POINT

ビジュアルを使ったイメージ重視の「右脳型」
理論武装でデータありきの「左脳型」

ビジネス

ケース18　お客様を落とす最後のひと言

あるお客様がAかBの洋服のどちらを買うのか、悩んでいました。そこで店員がひと言、

「この商品、雑誌にも何度も紹介され今シーズン100枚も売れて、もうこれが最後なんです」

と言うと、お客様は顔色を変えて、

「そんな人気商品なんですか。じゃあ買います！」

と即決。何度もお店に足を運んで悩んでいたのがうそのようでした。

翌日に来られたお客さんもAかBで悩んでいたので同じようなことを言ったら、まったく興味のない様子で店を去っていったのです。

店員は悩みました。同じように接客をしたのに、何かまずいことでも言ったのかな、と。

そうではないのです。

最初に来たお客様は「左脳型」の思考パターンでした。常に現実を直視しながら、データを

重視します。

「何個売り上げている、有名人のAさんが使っている。世界初の技術、この商品を使ったら1週間後には変化が表れた」

といったデータや結果が重要で、特に数字的な情報を入れると反応をします。これはプレゼンなどでも同じです。

ところがあとで来たお客様は、データには反応しませんでした。それは「右脳型」で想像力豊かで、いかにいい商品というデータの裏付けがあるかより、自分がいかに満たされるかが大切だからです。

「右脳型」のお客様には「この洋服ならイメチェンできますよ」とか、「パーティに着ていったら注目を集めそうですね」など、精神的な満足を伝えることで心は動いたはずです。

POINT

精神的な満足を重視する「右脳型」
データや結果を重視する「左脳型」

恋愛

ケース19　夢と現実、歩み寄るのは難しい

男性「結婚したら、田舎暮らししない？」
女性「ええっ、本気で言っているの？　どうやって生活していくの？」
男性「自給自足でさ、ちょっと珍しい野菜をつくったりして……。夢が膨らむよな」
女性「誰がつくるの？　田舎で暮らす資金はどうするの？」
男性「……」

まさかの田舎暮らし提案に、女性は拒否反応を示しているのは言うまでもありません。なぜなら女性は「左脳型」だからです。

あまりに非現実的な発想、たくましすぎる想像力にまったくついていけません。何よりも、お金の心配をまったくしていない男性に、信頼感すら失いかけています。

男性が夢見る田舎暮らしに、賛同なんてありえないでしょう。

長年の夢を叶えたい男性は「右脳型」です。田舎暮らしがよさそう、と直感的に思い想像するだけでワクワクする。いかに心が豊かな生活ができるのかが、重要なのです。

こうした田舎暮らしをするために、どんな準備が必要か、お金はいくらくらいあればいいのかは全く考えていません。

こういう人は給料が入ると、ぱーっと使って楽しい時間を過ごすことで自分の心を満たしています。が、女性はとりあえず、貯金をします。


この価値観の相違はなかなか歩み寄るのが難しいですね。お金の価値観の違いは、ストレスだけでなく、トラブルの原因にもなりかねません。

「女性が男性の夢にのっかる、だけどきちんと資金計画を立てる」もしくは、「男性は、夢のために資金調達の方法を考える」ことでしか、田舎暮らしは実現できません。

POINT

直感やイメージだけで行動する「右脳型」

理論的で金銭的余裕こそ重要な「左脳型」

子育て
ケース20　みるみる上達する指導法とは!?

テニススクールに通い始めた親子がいました。

「なぜ速いサーブが打てるのか」「どうしたら正確な位置にボールを打てるのか」など、難しい理論を子どもにもわかるように上手に説明するのは、さすがは一流のコーチです。

ところがしばらくすると、「つまらないから行きたくない」と子どもが言い出したのです。そして次はサッカー教室に通うことに。それがみるみる上達して、上級生を差し置いてレギュラーになるまで、さほど時間はかかりませんでした。

これは子どもの運動神経のよしあしや、テニスよりサッカーが好きということではありません。実はコーチの指導法の違いで、子どもが納得できたかどうかだったのです。

テニスのコーチが論理的に指導する「左脳型」で、同じ「左脳型」の子どもなら、指導内容に納得できてどんどんテニスにのめり込んだでしょう。

一方、サッカーのコーチはイメージで伝える「右脳型」で、素晴らしいサッカーの試合のビデオを子どもたちに見せて、上手なドリブル、パスはどういうものかをイメージさせたのです。サッカーが上達した子どもも同じ「右脳型」だったので、サッカーがどんどん面白くなっていったのでしょう。

指導の方法が合わなければ、「何度説明してもものわかりの悪い子ども」「説明がわかりにくい大人」となり、指導者と子どもは相入れない関係になります。

指導者は、子どもがどういう説明で納得するのかを知って教えることで、大人が想像する以上に成長します。指導の良しあしではありません。理論かイメージか、どちらに子どもが納得するか、なのです。

POINT

「左脳型」の子どもは理論で理解しようとする
「右脳型」の子どもはイメージを膨らませる

本質・表面・意志・希望——4つの個性が立体的に〝私〟をつくる

▼自分の中に潜んでいる4種類の自分

ＰＡＲＴ1では、人の性格を「狼」から「ペガサス」までの12動物キャラに当てはめて分類し、その1つずつのキャラをさらに4種または6種に分けて60分類に細分化しました。これらをもとに、ＰＡＲＴ2では、人間関係や行動パターン、思考の傾向などを分類することで、自分がどういう人間なのか、相手はどんな思考なのかを知る大きなヒントになったと思います。

では、もしＡさんとＢさんが2人とも60分類の「守りの猿」なら、共通点は多いでしょう。だからといって、そっくりで、まるでクローン人間ということではありません。

人間はそんなにも単純ではありません。同じ「守りの猿」だとしても、決して同じ人にはなりません。

それは自分の中に潜む4つの顔、「**4つの個性**」があるからです。4つの個性には「**本質・表面・**

意志・希望」があり、それぞれに12動物キャラが当てはめられます。

4つの個性とは生まれた年、月、日、時間から割り出すキャラで、12分類すると「猿」だけれど、「ライオン」のような強さを持っている側面もあれば、「ひつじ」のように繊細な面もあり、1つの側面では、ひとりの人間を説明しきれないということなのです。

▼本質と表面は表裏一体

「本質」は生まれ日から求めます。あなたが最初に22〜27ページの「動物キャラナビ60分類キャラクター・換算表」で求めた12動物キャラが本質キャラです。**本質は「本当の自分」、「心＝マインド」です。**「三つ子の魂」に当たり、個性を見るうえで最も重要視されます。

「本質」のキャラは、ひとりでいるときや親しい人の前で、包み隠さず出している自分の本心に従った自分です。

「表面」は生まれ月から求めます。**「表面」は、その人の表の顔、その人が人前で演じる「見かけの自分」、「身体＝ボディ」です。**また社会の一員としてどのような行動をとるかも表しています。

表面キャラの出し方は、163〜168ページの「表面・意志・希望の動物キャラの出し方」を見てください（意志・希望も同様）。出すためには、「リズム」と「KEY」を知る必要があります。「リズム」についてはPART3でくわしく説明します。

たいていの人は、初対面のときや、新しい職場・学校に通い始める頃は、表面キャラで人と接しています。でも親しくなると、素の顔が出てきます。これが「本質」キャラです。「本質」と「表面」はちょうどシーソーのような関係です。「表面」が出ているときは、「本質」は後ろに隠れ、「本質」が出ているときは「表面」は隅に追いやられてしまいます。

職場などで「表面」の顔ばかりを演じていると、小さくなっている「本質」キャラがストレスをためます。でも、休日に素顔に戻って「本質」キャラを解放してやれば、ストレスも解消するのです。

例えば、「本質」キャラが甘えたい「こじか」なのに、「表面」キャラは甘えを許さない「虎」というように、キャラの性質のギャップが大きいほどストレスも増え、気持ちの負担を感じてしまいます。「本質」と「表面」のキャラが同じ人は表裏がないので、ストレスも少なくなります。

自分の中に潜む4種類の自分

本質「心＝MIND」本当の自分	→	生まれ日から求める
表面「身体＝BODY」 見かけの自分	→	生まれ月から求める
意志「頭＝BRAIN」 耳元でささやく もうひとりの自分	→	生まれ年から求める
希望「あこがれ＝DREAM」 理想とする自分	→	生まれ時刻から 求める

▼耳元でささやく「意志」

「意志」は生まれ年から求めます。**「意志」は思考で、「耳元でささやく、もうひとりの自分」、「頭＝ブレイン」です。**個性を見るうえでは、「本質」の次に重要視されます。

「意志」キャラは、あなたの耳元で24時間ささやき続けます。「そんなに遊んでいたら、仕事が間に合わない」、「ここでそんなことを言ったら怒るだろうな」というようにです。

「意志」キャラは、常に今起きていることを分析して過去と照らし合わせて、この先の行動を決めてシミュレーションをしています。

「意志」キャラは、「この場は抑えて」と自分を冷静に保とうと、自分自身へ働きかけますが、最終的に意思決定するのは「本質」キャラです。その意味では「意志」キャラは「本質」キャラに対するアドバイザーのような存在なのです。

▼「希望」はあこがれの人

「希望」は生まれ時刻から求めます。**「希望」は、あなたの「なりたい自分」、「あこがれ＝ドリーム」です。**あなたがあこがれるタレントや先輩のようなもので、過去に思いこがれた先輩の「本質」キャラは、自分の希望キャラだったというのはよくあるケースです。

また、悩みがあまりに重大になったり落ち込んだときには、人は「希望」キャラが出て、現実から逃避します。例えば〝クヨクヨする〟「本質」キャラが、〝今を楽しむ〟「希望」キャラに変身し、一時、悩みを忘れるのです。

このように「本質・表面・意志・希望」は、心（マインド）、身体（ボディ）、頭（ブレイン）、憧れ（ドリーム）であり、この4つのバランスが重要なのです。

さあ、次のページを参照して「表面・意志・希望」の動物キャラを調べてみましょう。

表面・意志・希望の動物キャラの出し方

「表面」＝生まれた月、「意志」＝生まれた年、「希望」＝生まれた時刻から出します。

《例》**1980年5月1日午前6時15分生まれの場合**

❶ 60分類キャラクター換算表・対応表（18〜23ページ）で「リズム」を出します。

　・**本質＝「こじか」**（12分類の動物キャラ）　**リズム＝「大樹」**

❷ それぞれの換算表で「KEY」を出します。

　☆表面（表2で、生まれた年と月を確認して「KEY」を出す）→ KEY=**5**
　☆意志（表3で、生まれた年の期間を確認して「KEY」を出す）→ KEY=**9**
　☆希望（表4で、生まれた時刻を確認して「KEY」を出す）→ KEY=**4**

❸「KEY」がわかったら、下の表1の対応表で「リズム」と「KEY」が交差する箇所からキャラクターを出します。

　・**表面　「大樹」と5 →「たぬき」**
　・**意志　「大樹」と9 →「ペガサス」**
　・**希望　「大樹」と4 →「虎」**

あなたのリズム

表1 「表面」「意志」「希望」対応表

リズム＼KEY	1	2	3	4	5	6	7	8	9	10	11	12
大樹	チータ	黒ひょう	ライオン	虎	たぬき	子守熊	ゾウ	ひつじ	ペガサス	狼	こじか	猿
草花	子守熊	たぬき	虎	ライオン	黒ひょう	チータ	猿	こじか	狼	ペガサス	ひつじ	ゾウ
太陽	狼	こじか	猿	チータ	黒ひょう	ライオン	虎	たぬき	子守熊	ゾウ	ひつじ	ペガサス
灯火	ペガサス	ひつじ	ゾウ	子守熊	たぬき	虎	ライオン	黒ひょう	チータ	猿	こじか	狼
山岳	狼	こじか	猿	チータ	黒ひょう	ライオン	虎	たぬき	子守熊	ゾウ	ひつじ	ペガサス
大地	ペガサス	ひつじ	ゾウ	子守熊	たぬき	虎	ライオン	黒ひょう	チータ	猿	こじか	狼
鉱脈	ゾウ	ひつじ	ペガサス	狼	こじか	猿	チータ	黒ひょう	ライオン	虎	たぬき	子守熊
宝石	猿	こじか	狼	ペガサス	ひつじ	ゾウ	子守熊	たぬき	虎	ライオン	黒ひょう	チータ
海洋	虎	たぬき	子守熊	ゾウ	ひつじ	ペガサス	狼	こじか	猿	チータ	黒ひょう	ライオン
雨露	ライオン	黒ひょう	チータ	猿	こじか	狼	ペガサス	ひつじ	ゾウ	子守熊	たぬき	虎

8	9	10	11	12	1
7/7～8/7	8/8～9/7	9/8～10/7	10/8～11/6	11/7～12/6	12/7～1941(昭和16)年1/5
7/7～8/7	8/8～9/7	9/8～10/8	10/9～11/7	11/8～12/6	12/7～1942(昭和17)年1/5
7/8～8/7	8/8～9/7	9/8～10/8	10/9～11/7	11/8～12/7	12/8～1943(昭和18)年1/5
7/8～8/7	8/8～9/7	9/8～10/8	10/9～11/7	11/8～12/7	12/8～1944(昭和19)年1/5
7/7～8/7	8/8～9/7	9/8～10/7	10/8～11/6	11/7～12/6	12/7～1945(昭和20)年1/5
7/7～8/7	8/8～9/7	9/8～10/8	10/9～11/7	11/8～12/6	12/7～1946(昭和21)年1/5
7/8～8/7	8/8～9/7	9/8～10/8	10/9～11/7	11/8～12/7	12/8～1947(昭和22)年1/5
7/8～8/7	8/8～9/7	9/8～10/8	10/9～11/7	11/8～12/7	12/8～1948(昭和23)年1/5
7/7～8/7	8/8～9/7	9/8～10/7	10/8～11/6	11/7～12/6	12/7～1949(昭和24)年1/5
7/7～8/7	8/8～9/7	9/8～10/8	10/9～11/7	11/8～12/6	12/7～1950(昭和25)年1/5
7/8～8/7	8/8～9/7	9/8～10/8	10/9～11/7	11/8～12/7	12/8～1951(昭和26)年1/5
7/8～8/7	8/8～9/7	9/8～10/8	10/9～11/7	11/8～12/7	12/8～1952(昭和27)年1/5
7/7～8/6	8/7～9/7	9/8～10/7	10/8～11/6	11/7～12/6	12/7～1953(昭和28)年1/5
7/7～8/7	8/8～9/7	9/8～10/7	10/8～11/7	11/8～12/6	12/7～1954(昭和29)年1/5
7/8～8/7	8/8～9/7	9/8～10/8	10/9～11/7	11/8～12/7	12/8～1955(昭和30)年1/5
7/8～8/7	8/8～9/7	9/8～10/8	10/9～11/7	11/8～12/7	12/8～1956(昭和31)年1/5
7/7～8/6	8/7～9/7	9/8～10/8	10/9～11/6	11/7～12/6	12/7～1957(昭和32)年1/4
7/7～8/7	8/8～9/7	9/8～10/8	10/9～11/7	11/8～12/6	12/7～1958(昭和33)年1/5
7/8～8/7	8/8～9/7	9/8～10/8	10/9～11/7	11/8～12/6	12/7～1959(昭和34)年1/5
7/8～8/7	8/8～9/7	9/8～10/8	10/9～11/7	11/8～12/7	12/8～1960(昭和35)年1/4
7/7～8/6	8/7～9/7	9/8～10/7	10/8～11/6	11/7～12/6	12/7～1961(昭和36)年1/5
7/7～8/7	8/8～9/7	9/8～10/7	10/8～11/7	11/8～12/6	12/7～1962(昭和37)年1/5
7/7～8/7	8/8～9/7	9/8～10/8	10/9～11/7	11/8～12/6	12/7～1963(昭和38)年1/5
7/8～8/7	8/8～9/7	9/8～10/8	10/9～11/7	11/8～12/7	12/8～1964(昭和39)年1/5
7/7～8/6	8/7～9/6	9/7～10/7	10/8～11/6	11/7～12/6	12/7～1965(昭和40)年1/4
7/8～8/7	8/8～9/7	9/8～10/7	10/8～11/7	11/8～12/6	12/7～1966(昭和41)年1/5
7/7～8/7	8/8～9/7	9/8～10/8	10/9～11/7	11/8～12/6	12/7～1967(昭和42)年1/5
7/8～8/7	8/8～9/7	9/8～10/8	10/9～11/7	11/8～12/7	12/8～1968(昭和43)年1/5
7/7～8/6	8/7～9/6	9/7～10/7	10/8～11/6	11/7～12/6	12/7～1969(昭和44)年1/5
7/7～8/7	8/8～9/7	9/8～10/7	10/8～11/6	11/7～12/6	12/7～1970(昭和45)年1/5
7/7～8/7	8/8～9/7	9/8～10/8	10/9～11/7	11/8～12/6	12/7～1971(昭和46)年1/5
7/8～8/7	8/8～9/7	9/8～10/8	10/9～11/7	11/8～12/7	12/8～1972(昭和47)年1/5
7/7～8/6	8/7～9/6	9/7～10/7	10/8～11/6	11/7～12/6	12/7～1973(昭和48)年1/5
7/7～8/7	8/8～9/7	9/8～10/7	10/8～11/6	11/7～12/6	12/7～1974(昭和49)年1/5
7/7～8/7	8/8～9/7	9/8～10/8	10/9～11/7	11/8～12/6	12/7～1975(昭和50)年1/5
7/8～8/7	8/8～9/7	9/8～10/8	10/9～11/7	11/8～12/7	12/8～1976(昭和51)年1/5
7/7～8/6	8/7～9/6	9/7～10/7	10/8～11/6	11/7～12/6	12/7～1977(昭和52)年1/5
7/7～8/7	8/8～9/7	9/8～10/7	10/8～11/6	11/7～12/6	12/7～1978(昭和53)年1/5
7/7～8/7	8/8～9/7	9/8～10/8	10/9～11/7	11/8～12/6	12/7～1979(昭和54)年1/5
7/8～8/7	8/8～9/7	9/8～10/8	10/9～11/7	11/8～12/7	12/8～1980(昭和55)年1/5
7/7～8/6	8/7～9/6	9/7～10/7	10/8～11/6	11/7～12/6	12/7～1981(昭和56)年1/4
7/7～8/6	8/7～9/7	9/8～10/7	10/8～11/6	11/7～12/6	12/7～1982(昭和57)年1/5
7/7～8/7	8/8～9/7	9/8～10/8	10/9～11/7	11/8～12/6	12/7～1983(昭和58)年1/5
7/8～8/7	8/8～9/7	9/8～10/8	10/9～11/7	11/8～12/7	12/8～1984(昭和59)年1/5
7/7～8/6	8/7～9/6	9/7～10/7	10/8～11/6	11/7～12/6	12/7～1985(昭和60)年1/4
7/7～8/6	8/7～9/7	9/8～10/7	10/8～11/6	11/7～12/6	12/7～1986(昭和61)年1/5

表2 「表面」換算表

生まれた年＼KEY	2	3	4	5	6	7
1940(昭和15)年	1/6~2/4	2/5~3/5	3/6~4/4	4/5~5/5	5/6~6/5	6/6~7/6
1941(昭和16)年	1/6~2/3	2/4~3/5	3/6~4/4	4/5~5/5	5/6~6/5	6/6~7/6
1942(昭和17)年	1/6~2/3	2/4~3/5	3/6~4/4	4/5~5/5	5/6~6/5	6/6~7/7
1943(昭和18)年	1/6~2/4	2/5~3/5	3/6~4/5	4/6~5/5	5/6~6/5	6/6~7/7
1944(昭和19)年	1/6~2/4	2/5~3/5	3/6~4/4	4/5~5/5	5/6~6/5	6/6~7/6
1945(昭和20)年	1/6~2/3	2/4~3/5	3/6~4/4	4/5~5/5	5/6~6/5	6/6~7/6
1946(昭和21)年	1/6~2/3	2/4~3/5	3/6~4/4	4/5~5/5	5/6~6/5	6/6~7/7
1947(昭和22)年	1/6~2/4	2/5~3/5	3/6~4/5	4/6~5/5	5/6~6/5	6/6~7/7
1948(昭和23)年	1/6~2/4	2/5~3/5	3/6~4/4	4/5~5/4	5/5~6/5	6/6~7/6
1949(昭和24)年	1/6~2/3	2/4~3/5	3/6~4/4	4/5~5/5	5/6~6/5	6/6~7/6
1950(昭和25)年	1/6~2/3	2/4~3/5	3/6~4/4	4/5~5/5	5/6~6/5	6/6~7/7
1951(昭和26)年	1/6~2/4	2/5~3/5	3/6~4/4	4/5~5/5	5/6~6/5	6/6~7/7
1952(昭和27)年	1/6~2/4	2/5~3/5	3/6~4/4	4/5~5/5	5/6~6/5	6/6~7/6
1953(昭和28)年	1/6~2/3	2/4~3/5	3/6~4/4	4/5~5/5	5/6~6/5	6/6~7/6
1954(昭和29)年	1/6~2/3	2/4~3/5	3/6~4/4	4/5~5/5	5/6~6/5	6/6~7/7
1955(昭和30)年	1/6~2/3	2/4~3/5	3/6~4/4	4/5~5/5	5/6~6/5	6/6~7/7
1956(昭和31)年	1/6~2/4	2/5~3/4	3/5~4/4	4/5~5/4	5/5~6/5	6/6~7/6
1957(昭和32)年	1/5~2/3	2/4~3/5	3/6~4/4	4/5~5/5	5/6~6/5	6/6~7/6
1958(昭和33)年	1/6~2/3	2/4~3/5	3/6~4/4	4/5~5/5	5/6~6/5	6/6~7/7
1959(昭和34)年	1/6~2/3	2/4~3/5	3/6~4/4	4/5~5/5	5/6~6/5	6/6~7/7
1960(昭和35)年	1/5~2/4	2/5~3/4	3/5~4/4	4/5~5/4	5/5~6/5	6/6~7/6
1961(昭和36)年	1/6~2/3	2/4~3/5	3/6~4/4	4/5~5/5	5/6~6/5	6/6~7/6
1962(昭和37)年	1/6~2/3	2/4~3/5	3/6~4/4	4/5~5/5	5/6~6/5	6/6~7/6
1963(昭和38)年	1/6~2/3	2/4~3/5	3/6~4/4	4/5~5/5	5/6~6/5	6/6~7/7
1964(昭和39)年	1/6~2/4	2/5~3/4	3/5~4/4	4/5~5/4	5/5~6/5	6/6~7/6
1965(昭和40)年	1/5~2/3	2/4~3/5	3/6~4/4	4/5~5/5	5/6~6/5	6/6~7/7
1966(昭和41)年	1/6~2/3	2/4~3/5	3/6~4/4	4/5~5/5	5/6~6/5	6/6~7/6
1967(昭和42)年	1/6~2/3	2/4~3/5	3/6~4/4	4/5~5/5	5/6~6/5	6/6~7/7
1968(昭和43)年	1/6~2/4	2/5~3/4	3/5~4/4	4/5~5/4	5/5~6/5	6/6~7/6
1969(昭和44)年	1/5~2/3	2/4~3/5	3/6~4/4	4/5~5/5	5/6~6/5	6/6~7/6
1970(昭和45)年	1/6~2/3	2/4~3/5	3/6~4/4	4/5~5/5	5/6~6/5	6/6~7/6
1971(昭和46)年	1/6~2/3	2/4~3/5	3/6~4/4	4/5~5/5	5/6~6/5	6/6~7/7
1972(昭和47)年	1/6~2/4	2/5~3/4	3/5~4/4	4/5~5/4	5/5~6/4	6/5~7/6
1973(昭和48)年	1/6~2/3	2/4~3/5	3/6~4/4	4/5~5/5	5/6~6/5	6/6~7/6
1974(昭和49)年	1/6~2/3	2/4~3/5	3/6~4/4	4/5~5/5	5/6~6/5	6/6~7/6
1975(昭和50)年	1/6~2/3	2/4~3/5	3/6~4/4	4/5~5/5	5/6~6/5	6/6~7/7
1976(昭和51)年	1/6~2/4	2/5~3/4	3/5~4/4	4/5~5/4	5/5~6/4	6/5~7/6
1977(昭和52)年	1/6~2/3	2/4~3/5	3/6~4/4	4/5~5/5	5/6~6/5	6/6~7/6
1978(昭和53)年	1/6~2/3	2/4~3/5	3/6~4/4	4/5~5/5	5/6~6/5	6/6~7/6
1979(昭和54)年	1/6~2/3	2/4~3/5	3/6~4/4	4/5~5/5	5/6~6/5	6/6~7/7
1980(昭和55)年	1/6~2/4	2/5~3/4	3/5~4/4	4/5~5/4	5/5~6/4	6/5~7/6
1981(昭和56)年	1/5~2/3	2/4~3/5	3/6~4/4	4/5~5/4	5/5~6/5	6/6~7/6
1982(昭和57)年	1/6~2/3	2/4~3/5	3/6~4/4	4/5~5/5	5/6~6/5	6/6~7/6
1983(昭和58)年	1/6~2/3	2/4~3/5	3/6~4/4	4/5~5/5	5/6~6/5	6/6~7/7
1984(昭和59)年	1/6~2/4	2/5~3/4	3/5~4/3	4/4~5/4	5/5~6/4	6/5~7/6
1985(昭和60)年	1/5~2/3	2/4~3/5	3/6~4/4	4/5~5/4	5/5~6/5	6/6~7/6

8	9	10	11	12	1
7/7～8/7	8/8～9/7	9/8～10/7	10/8～11/7	11/8～12/6	12/7～1987(昭和62)年1/5
7/8～8/7	8/8～9/7	9/8～10/8	10/9～11/7	11/8～12/7	12/8～1988(昭和63)年1/5
7/7～8/6	8/7～9/6	9/7～10/7	10/8～11/6	11/7～12/6	12/7～1989(平成元)年1/4
7/7～8/6	8/7～9/7	9/8～10/7	10/8～11/6	11/7～12/6	12/7～1990(平成 2)年1/4
7/7～8/7	8/8～9/7	9/8～10/7	10/8～11/7	11/8～12/6	12/7～1991(平成 3)年1/5
7/7～8/7	8/8～9/7	9/8～10/8	10/9～11/7	11/8～12/6	12/7～1992(平成 4)年1/5
7/7～8/6	8/7～9/6	9/7～10/7	10/8～11/6	11/7～12/6	12/7～1993(平成 5)年1/4
7/7～8/6	8/7～9/7	9/8～10/7	10/8～11/6	11/7～12/6	12/7～1994(平成 6)年1/4
7/7～8/7	8/8～9/7	9/8～10/7	10/8～11/7	11/8～12/6	12/7～1995(平成 7)年1/5
7/7～8/7	8/8～9/7	9/8～10/8	10/9～11/7	11/8～12/6	12/7～1996(平成 8)年1/5
7/7～8/6	8/7～9/6	9/7～10/7	10/8～11/6	11/7～12/6	12/7～1997(平成 9)年1/4
7/7～8/6	8/7～9/6	9/7～10/7	10/8～11/6	11/7～12/6	12/7～1998(平成10)年1/4
7/7～8/7	8/8～9/7	9/8～10/7	10/8～11/7	11/8～12/6	12/7～1999(平成11)年1/5
7/7～8/7	8/8～9/7	9/8～10/8	10/9～11/7	11/8～12/6	12/7～2000(平成12)年1/5
7/7～8/6	8/7～9/6	9/7～10/7	10/8～11/6	11/7～12/6	12/7～2001(平成13)年1/4
7/7～8/6	8/7～9/6	9/7～10/7	10/8～11/6	11/7～12/6	12/7～2002(平成14)年1/4
7/7～8/7	8/8～9/7	9/8～10/7	10/8～11/6	11/7～12/6	12/7～2003(平成15)年1/5
7/7～8/7	8/8～9/7	9/8～10/8	10/9～11/7	11/8～12/6	12/7～2004(平成16)年1/5
7/7～8/6	8/7～9/6	9/7～10/7	10/8～11/6	11/7～12/6	12/7～2005(平成17)年1/4
7/7～8/6	8/7～9/6	9/7～10/7	10/8～11/6	11/7～12/6	12/7～2006(平成18)年1/5
7/7～8/7	8/8～9/7	9/8～10/7	10/8～11/6	11/7～12/6	12/7～2007(平成19)年1/5
7/7～8/7	8/8～9/7	9/8～10/8	10/9～11/7	11/8～12/6	12/7～2008(平成20)年1/5
7/7～8/6	8/7～9/6	9/7～10/7	10/8～11/6	11/7～12/6	12/7～2009(平成21)年1/4
7/7～8/6	8/7～9/6	9/7～10/7	10/8～11/6	11/7～12/6	12/7～2010(平成22)年1/4
7/7～8/6	8/7～9/7	9/8～10/7	10/8～11/6	11/7～12/6	12/7～2011(平成23)年1/5
7/7～8/7	8/8～9/7	9/8～10/8	10/9～11/7	11/8～12/6	12/7～2012(平成24)年1/5
7/7～8/6	8/7～9/6	9/7～10/7	10/8～11/6	11/7～12/6	12/7～2013(平成25)年1/4
7/7～8/6	8/7～9/6	9/7～10/7	10/8～11/6	11/7～12/6	12/7～2014(平成26)年1/4
7/7～8/6	8/7～9/7	9/8～10/7	10/8～11/6	11/7～12/6	12/7～2015(平成27)年1/5
7/7～8/7	8/8～9/7	9/8～10/7	10/8～11/7	11/7～12/6	12/7～2016(平成28)年1/5
7/7～8/6	8/7～9/6	9/7～10/7	10/8～11/6	11/7～12/6	12/7～2017(平成29)年1/4
7/7～8/6	8/7～9/6	9/7～10/7	10/8～11/6	11/7～12/6	12/7～2018(平成30)年1/4
7/7～8/6	8/7～9/6	9/7～10/7	10/8～11/6	11/7～12/6	12/7～2019(令和元)年1/5
7/7～8/6	8/7～9/7	9/8～10/7	10/8～11/6	11/7～12/6	12/7～2020(令和 2)年1/5
7/7～8/6	8/7～9/6	9/7～10/7	10/8～11/6	11/7～12/6	12/7～2021(令和 3)年1/4
7/7～8/6	8/7～9/6	9/7～10/7	10/8～11/6	11/7～12/6	12/7～2022(令和 4)年1/4
7/7～8/6	8/7～9/7	9/8～10/7	10/8～11/6	11/7～12/6	12/7～2023(令和 5)年1/5
7/7～8/7	8/8～9/7	9/8～10/7	10/8～11/7	11/7～12/6	12/7～2024(令和 6)年1/5
7/6～8/6	8/7～9/6	9/7～10/7	10/8～11/6	11/7～12/6	12/7～2025(令和 7)年1/4
7/7～8/6	8/7～9/6	9/7～10/7	10/8～11/6	11/7～12/6	12/7～2026(令和 8)年1/4
7/7～8/6	8/7～9/6	9/7～10/6	10/8～11/6	11/7～12/6	12/7～2027(令和 9)年1/4
7/7～8/7	8/8～9/7	9/8～10/7	10/8～11/7	11/8～12/6	12/7～2028(令和10)年1/5
7/6～8/6	8/7～9/6	9/7～10/7	10/8～11/6	11/7～12/5	12/6～2029(令和11)年1/4
7/7～8/6	8/7～9/6	9/7～10/7	10/8～11/6	11/7～12/6	12/7～2030(令和12)年1/4
7/7～8/6	8/7～9/6	9/7～10/7	10/8～11/6	11/7～12/6	12/7～2031(令和13)年1/4

※1月4日、もしくは5日までに生まれた人は、前年のKEYを見てください。

表2 「表面」換算表

生まれた年 ＼ KEY	2	3	4	5	6	7
1986(昭和61)年	1/6〜2/3	2/4〜3/5	3/6〜4/4	4/5〜5/5	5/6〜6/5	6/6〜7/6
1987(昭和62)年	1/6〜2/3	2/4〜3/5	3/6〜4/4	4/5〜5/5	5/6〜6/5	6/6〜7/7
1988(昭和63)年	1/6〜2/3	2/4〜3/4	3/5〜4/3	4/4〜5/4	5/5〜6/4	6/5〜7/6
1989(平成元)年	1/5〜2/3	2/4〜3/4	3/5〜4/4	4/5〜5/4	5/5〜6/5	6/6〜7/6
1990(平成2)年	1/5〜2/3	2/4〜3/5	3/6〜4/4	4/5〜5/5	5/6〜6/5	6/6〜7/6
1991(平成3)年	1/6〜2/3	2/4〜3/5	3/6〜4/4	4/5〜5/5	5/6〜6/5	6/6〜7/6
1992(平成4)年	1/6〜2/3	2/4〜3/4	3/5〜4/3	4/4〜5/4	5/5〜6/4	6/5〜7/6
1993(平成5)年	1/5〜2/3	2/4〜3/4	3/5〜4/4	4/5〜5/4	5/5〜6/5	6/6〜7/6
1994(平成6)年	1/5〜2/3	2/4〜3/5	3/6〜4/4	4/5〜5/5	5/6〜6/5	6/6〜7/6
1995(平成7)年	1/6〜2/3	2/4〜3/5	3/6〜4/4	4/5〜5/5	5/6〜6/5	6/6〜7/6
1996(平成8)年	1/6〜2/3	2/4〜3/4	3/5〜4/3	4/4〜5/4	5/5〜6/4	6/5〜7/6
1997(平成9)年	1/5〜2/3	2/4〜3/4	3/5〜4/4	4/5〜5/4	5/5〜6/5	6/6〜7/6
1998(平成10)年	1/5〜2/3	2/4〜3/5	3/6〜4/4	4/5〜5/5	5/6〜6/5	6/6〜7/6
1999(平成11)年	1/6〜2/3	2/4〜3/5	3/6〜4/4	4/5〜5/5	5/6〜6/5	6/6〜7/6
2000(平成12)年	1/6〜2/3	2/4〜3/4	3/5〜4/3	4/4〜5/4	5/5〜6/4	6/5〜7/6
2001(平成13)年	1/5〜2/3	2/4〜3/4	3/5〜4/4	4/5〜5/4	5/5〜6/4	6/5〜7/6
2002(平成14)年	1/5〜2/3	2/4〜3/5	3/6〜4/4	4/5〜5/5	5/6〜6/5	6/6〜7/6
2003(平成15)年	1/6〜2/3	2/4〜3/5	3/6〜4/4	4/5〜5/5	5/6〜6/5	6/6〜7/6
2004(平成16)年	1/6〜2/3	2/4〜3/4	3/5〜4/3	4/4〜5/4	5/5〜6/4	6/5〜7/6
2005(平成17)年	1/5〜2/3	2/4〜3/4	3/5〜4/4	4/5〜5/4	5/5〜6/4	6/5〜7/6
2006(平成18)年	1/6〜2/3	2/4〜3/5	3/6〜4/4	4/5〜5/5	5/6〜6/5	6/6〜7/6
2007(平成19)年	1/6〜2/3	2/4〜3/5	3/6〜4/4	4/5〜5/5	5/6〜6/5	6/6〜7/6
2008(平成20)年	1/6〜2/3	2/4〜3/4	3/5〜4/3	4/4〜5/4	5/5〜6/4	6/5〜7/6
2009(平成21)年	1/5〜2/3	2/4〜3/4	3/5〜4/4	4/5〜5/4	5/5〜6/4	6/5〜7/6
2010(平成22)年	1/5〜2/3	2/4〜3/5	3/6〜4/4	4/5〜5/4	5/5〜6/5	6/6〜7/6
2011(平成23)年	1/6〜2/3	2/4〜3/5	3/6〜4/4	4/5〜5/5	5/6〜6/5	6/6〜7/6
2012(平成24)年	1/6〜2/3	2/4〜3/4	3/5〜4/3	4/4〜5/4	5/5〜6/4	6/5〜7/6
2013(平成25)年	1/5〜2/3	2/4〜3/4	3/5〜4/4	4/5〜5/4	5/5〜6/4	6/5〜7/6
2014(平成26)年	1/5〜2/3	2/4〜3/5	3/6〜4/4	4/5〜5/4	5/5〜6/5	6/6〜7/6
2015(平成27)年	1/6〜2/3	2/4〜3/5	3/6〜4/4	4/5〜5/5	5/6〜6/5	6/6〜7/6
2016(平成28)年	1/6〜2/3	2/4〜3/4	3/5〜4/3	4/4〜5/4	5/5〜6/4	6/5〜7/6
2017(平成29)年	1/5〜2/3	2/4〜3/4	3/5〜4/3	4/4〜5/4	5/5〜6/4	6/5〜7/6
2018(平成30)年	1/5〜2/3	2/4〜3/5	3/5〜4/3	4/4〜5/4	5/5〜6/4	6/5〜7/6
2019(令和元)年	1/6〜2/3	2/4〜3/5	3/6〜4/4	4/5〜5/5	5/6〜6/5	6/6〜7/6
2020(令和2)年	1/6〜2/3	2/4〜3/4	3/5〜4/3	4/4〜5/4	5/5〜6/4	6/5〜7/6
2021(令和3)年	1/5〜2/2	2/3〜3/4	3/5〜4/3	4/4〜5/4	5/5〜6/4	6/5〜7/6
2022(令和4)年	1/5〜2/3	2/4〜3/4	3/5〜4/4	4/5〜5/4	5/5〜6/5	6/6〜7/6
2023(令和5)年	1/6〜2/3	2/4〜3/5	3/6〜4/4	4/5〜5/5	5/6〜6/5	6/6〜7/6
2024(令和6)年	1/6〜2/3	2/4〜3/4	3/5〜4/3	4/4〜5/4	5/5〜6/4	6/6〜7/5
2025(令和7)年	1/5〜2/2	2/3〜3/4	3/5〜4/3	4/4〜5/4	5/5〜6/4	6/5〜7/6
2026(令和8)年	1/5〜2/3	2/4〜3/4	3/5〜4/4	4/5〜5/4	5/5〜6/5	6/6〜7/6
2027(令和9)年	1/5〜2/3	2/4〜3/5	3/6〜4/4	4/5〜5/5	5/6〜6/5	6/6〜7/6
2028(令和10)年	1/6〜2/3	2/4〜3/4	3/5〜4/3	4/4〜5/4	5/5〜6/4	6/5〜7/5
2029(令和11)年	1/5〜2/2	2/3〜3/4	3/5〜4/3	4/4〜5/4	5/5〜6/4	6/5〜7/6
2030(令和12)年	1/5〜2/3	2/4〜3/4	3/5〜4/4	4/5〜5/4	5/5〜6/4	6/5〜7/6

表3 「意志」換算表

生まれた年	期間	KEY
1940(昭和15)年	2/4～1941/2/4	5
1941(昭和16)年	2/5～1942/2/4	6
1942(昭和17)年	2/5～1943/2/4	7
1943(昭和18)年	2/5～1944/2/4	8
1944(昭和19)年	2/5～1945/2/3	9
1945(昭和20)年	2/4～1946/2/3	10
1946(昭和21)年	2/4～1947/2/4	11
1947(昭和22)年	2/5～1948/2/4	12
1948(昭和23)年	2/5～1949/2/3	1
1949(昭和24)年	2/4～1950/2/3	2
1950(昭和25)年	2/4～1951/2/4	3
1951(昭和26)年	2/5～1952/2/4	4
1952(昭和27)年	2/5～1953/2/3	5
1953(昭和28)年	2/4～1954/2/3	6
1954(昭和29)年	2/4～1955/2/3	7
1955(昭和30)年	2/4～1956/2/4	8
1956(昭和31)年	2/5～1957/2/3	9
1957(昭和32)年	2/4～1958/2/3	10
1958(昭和33)年	2/4～1959/2/3	11
1959(昭和34)年	2/4～1960/2/4	12
1960(昭和35)年	2/5～1961/2/3	1
1961(昭和36)年	2/4～1962/2/3	2
1962(昭和37)年	2/4～1963/2/3	3
1963(昭和38)年	2/4～1964/2/4	4
1964(昭和39)年	2/5～1965/2/3	5
1965(昭和40)年	2/4～1966/2/3	6
1966(昭和41)年	2/4～1967/2/3	7
1967(昭和42)年	2/4～1968/2/4	8
1968(昭和43)年	2/5～1969/2/3	9
1969(昭和44)年	2/4～1970/2/3	10
1970(昭和45)年	2/4～1971/2/3	11
1971(昭和46)年	2/4～1972/2/4	12
1972(昭和47)年	2/5～1973/2/3	1
1973(昭和48)年	2/4～1974/2/3	2
1974(昭和49)年	2/4～1975/2/3	3
1975(昭和50)年	2/4～1976/2/4	4
1976(昭和51)年	2/5～1977/2/3	5
1977(昭和52)年	2/4～1978/2/3	6
1978(昭和53)年	2/4～1979/2/3	7
1979(昭和54)年	2/4～1980/2/4	8
1980(昭和55)年	2/5～1981/2/3	9
1981(昭和56)年	2/4～1982/2/3	10
1982(昭和57)年	2/4～1983/2/3	11
1983(昭和58)年	2/4～1984/2/4	12
1984(昭和59)年	2/5～1985/2/3	1
1985(昭和60)年	2/4～1986/2/3	2
1986(昭和61)年	2/4～1987/2/3	3
1987(昭和62)年	2/4～1988/2/3	4
1988(昭和63)年	2/4～1989/2/3	5
1989(平成元)年	2/4～1990/2/3	6
1990(平成2)年	2/4～1991/2/3	7
1991(平成3)年	2/4～1992/2/3	8
1992(平成4)年	2/4～1993/2/3	9
1993(平成5)年	2/4～1994/2/3	10
1994(平成6)年	2/4～1995/2/3	11
1995(平成7)年	2/4～1996/2/3	12
1996(平成8)年	2/4～1997/2/3	1
1997(平成9)年	2/4～1998/2/3	2
1998(平成10)年	2/4～1999/2/3	3
1999(平成11)年	2/4～2000/2/3	4
2000(平成12)年	2/4～2001/2/3	5
2001(平成13)年	2/4～2002/2/3	6
2002(平成14)年	2/4～2003/2/3	7
2003(平成15)年	2/4～2004/2/3	8
2004(平成16)年	2/4～2005/2/3	9
2005(平成17)年	2/4～2006/2/3	10
2006(平成18)年	2/4～2007/2/3	11
2007(平成19)年	2/4～2008/2/3	12
2008(平成20)年	2/4～2009/2/3	1
2009(平成21)年	2/4～2010/2/3	2
2010(平成22)年	2/4～2011/2/3	3
2011(平成23)年	2/4～2012/2/3	4
2012(平成24)年	2/4～2013/2/3	5
2013(平成25)年	2/4～2014/2/3	6
2014(平成26)年	2/4～2015/2/3	7
2015(平成27)年	2/4～2016/2/3	8
2016(平成28)年	2/4～2017/2/3	9
2017(平成29)年	2/4～2018/2/3	10
2018(平成30)年	2/4～2019/2/3	11
2019(令和元)年	2/4～2020/2/3	12
2020(令和2)年	2/4～2021/2/2	1
2021(令和3)年	2/3～2022/2/3	2
2022(令和4)年	2/4～2023/2/3	3
2023(令和5)年	2/4～2024/2/3	4
2024(令和6)年	2/4～2025/2/2	5
2025(令和7)年	2/3～2026/2/3	6
2026(令和8)年	2/4～2027/2/3	7
2027(令和9)年	2/4～2028/2/3	8
2028(令和10)年	2/4～2029/2/2	9
2029(令和11)年	2/3～2030/2/3	10
2030(令和12)年	2/4～2031/2/3	11

※2月3日、もしくは4日までに生まれた人は、前年のKEYを見てください。

表4 「希望」換算表

生まれた時刻	23:00~0:59	1:00~2:59	3:00~4:59	5:00~6:59	7:00~8:59	9:00~10:59	11:00~12:59	13:00~14:59	15:00~16:59	17:00~18:59	19:00~20:59	21:00~22:59
KEY	1	2	3	4	5	6	7	8	9	10	11	12

12 動物のリレーション ——自分と相手との力関係を知る法則

人と人には目に見えない力関係が存在している

これまで、自分や気になる相手はどんな個性なのかを、さまざまな角度から分類してきました。こうした個性を知ると、次に気になるのは相性です。

何度も一緒に仕事をしているのに、いまだ考えていることがよくわからない上司や取引先の人、なかなか思うように働いてくれない部下、どうしても苦手なママ友、いつもケンカばかりする夫婦……。こうしたトラブルは、誰しもありますが、実はこれは目に見えない力関係が大きく影響しているのです。

「相性が悪いから仕方ない」

「そもそもあの人とは合わない」

と思いがちですが、よりよい人間関係を築くことをあきらめないでください。

力関係とは、自分が優位に立てる相手、押し切りやすい相手と、優位に立たれてしまう相手、いつも押し切られてしまう関係が、「狼」から「ペガサス」までの12動物のキャラによってあるということです。

こういった力関係を知らずに、自分が優位に立てる相手にもかかわらず、はっきりしない態度をとっては相手をイライラさせかねません。また、相手のほうが優位に立つべき関係性なのに、自分のほうが優位に立とうとすると、衝突が起こるのです。

周囲の人に思いを巡らしてみてください。こんなことはありませんか。

「みんなAさんはガンコで苦手だと言うけれど、私は何でも頼めて、付き合いやすい」

この方にとって、Aさんは自分が優位に立てる力関係なのです。

「Bくんの理論は穴だらけなのに、ディベートに強い私が、なぜかいつもやり込められる」

一方、こちらの方にとって、Bくんは優位に立たれてしまう関係、つまり自分にとってはいつも押し切られてしまう相手なのです。これが力関係、「**リレーション**」です。

「リレーション」は、相性はいいはずなのに、なかなかうまくかみ合わない人間関係に悩んでいるときや、うまくいかない恋愛をしているときに役立ちます。人間関係をスムーズにする、とっておきの理論です。172~194ページに12動物別に解説しました。

相手との力関係によって自分の出方を変える

例えば、「たぬき」の私にとって「猿」は、主導権を握りやすい、優位に立てる相手です（187ページ、上図参照）。いわば楽勝キャラで、自分が思うがままに、支配できます。「猿」が部下だとしたら、あれこれ面倒なことも頼めてしまうし、厳しいことも言ってしまうでしょう。

反対に、「たぬき」にとって「ゾウ」は、非常に扱いづらい相手です。いつもやり込められてしまう、優位に立たれてしまって自分をうまく出せないという力関係です。

こういう相手に歯向《はむ》かっても仕方ないですよね。そんなときは、「ゾウ」に従うのです。「ゾウ」はものすごい集中力で、物事をやり遂げる人です。そんな人にとって「すごいですね」は最大の誉め言葉。だから「ゾウ」の人と付き合うときは、自分が上に立とうと思わず、「すごいですね」「さすがですね」と褒め言葉とともに、相手を立てることで、いい関係が築けるのです。力関係を知る事でコミュニケーションはスムーズにいきます。

狼

自分のペースを守れる関係をつくればストレスが激減

人に束縛されるのが苦手な「狼」にとって、ひとりよがりな「ゾウ」や、ロマンチストで自分のペースを大切にする「子守熊《コアラ》」は優位に立って押し切りやすい相手です。一方で気難しい「黒ひょう」や、甘えん坊の「こじか」には、自分のペースが維持できず、相手のペースにのまれてしまい、支配されてしまって疲労困憊《こんぱい》する力関係です。

ひとりの時間や空間を大切にし、自分のペースを守りたいのが「狼」の特徴なので、誰かと一緒に仕事をするときは、「あなたはデータ集め」、「私は資料づくり」と役割分担をすると、気持ちよく進めることができます。

闘争心を燃やして新しいものにすぐに飛びつきたがる「チータ」へは、「狼」は批判精

狼のリレーション（力関係）

神むき出しで、あれこれ口出しします。
また、すでに予定があるのに、強引にスケジュールの変更を強いられると、大きなストレスとなり、その相手との距離を置くようになります。物事を何でもひとりで進めたがるので、それをじゃまする人が許せません。

しかし、あまりにも自分の正当性ばかりを強く主張したり、相手を上から目線で見るようなことがあれば、周りの人はどんどんあなたから離れていきます。

こうした「狼」のこだわりは、人から見たらただの意固地にしか見えません。理想と現実のギャップがあることを受け入れて、柔軟に対応することが大切です。

こじか

依存心をむきだしにすると面倒な相手だと見られる

八方美人でわがままな「こじか」は、サービス精神旺盛な「子守熊《コアラ》」、和を乱すのが嫌いな「ひつじ」、愛想のいい「たぬき」にはわがままを言えます。しかし、自己主張の強い「チータ」「ペガサス」には近づきにくく、自分が主導権を握れず、やりづらさを感じます。

警戒心が強く、人見知りをするので初対面の人との付き合いが苦手です。しかし一度親しくなると、急に距離間を縮めて一緒に行動することを望むのが「こじか」。

自分がリードするより、リードされるほうが居心地がいいため、リーダーシップのある「虎」や「ライオン」の人と行動をともにすると、人間関係がスムーズにいきます。

また、ひとりが好きで、ひとりの時間を上手に過ごせる「狼」は、真逆のタイプなので

こじかのリレーション（力関係）

とても魅力的に見えます。自分にはない魅力をもっている「狼」とは、実現できないことや、突飛な発想を共有でき、親友としては最適です。

しかし、じっくり物事を考えたい「こじか」にとって、「猿」の陽気な姿が魅力的だと思いつつも、せっかちなのでストレスを感じる関係。

自由気ままに生きている「ペガサス」にも憧れますが、気分屋、面倒くさがり屋の「ペガサス」は、甘えたがる「こじか」をうっとうしいと感じるので距離を縮められません。無理に縮めようとすると、避けられることもあるので注意。ママ友や女友達だったら仲間はずれにされることもあるでしょう。

猿

細部ばかりに気をとられず全体を把握する習慣を

楽しいことが大好きな「猿」は、発想が豊かで、自由をこの上なく好む「ペガサス」や、ゆるがなく自分のペースを守る「狼」とは居心地のよさを感じます。

反対に、やや考え方が古く伝統を大切にする「たぬき」や、とにかく一緒にいたがる「こじか」は、「猿」にとっては疲れてしまう、ストレスを感じやすい相手です。

何かと器用でのみ込みが速く、要領よい「猿」は、どんな仕事も効率よく成果を上げられますが、長期の仕事や掘り下げる仕事は苦手。そんなときに助けとなってくれるのが「虎」です。

度量が大きく、多くの人脈を持っている「虎」に助けられ、夢への実現ができるように

猿のリレーション（力関係）

なるでしょう。全体を把握するのは「虎」、細部を見るのが「猿」と、役割分担ができると、ビジネス上では最強のコンビになります。

しかし、細かいところが気になるがゆえに、計算や数字に弱くて漠然とした話が多く、都合が悪くなると口を閉ざしてしまう「ライオン」の欠点が気になってしかたがありません。「ライオン」にとっては、「猿」は、〝うるさいやつ〟でしかないのです。

親子関係で「猿」が親で「ライオン」が子どもだとしたら、子どもにとって〝口うるさい親〟と思っていて、親としては聞き分けのない子どもに手を焼き、しつけに手こずります。細かい事ばかりに口を出さず、時には大目に見ることも大切です。

チータ

自分の瞬発力や行動力を相手にも求めない

プライドが高く、いつも輪の中心にいたい「チータ」にとって、ガンコな「虎」「猿」「子守熊《コアラ》」は自分の思った通りに動かしづらい存在です。個性がぶつかり合って、譲り合いの気持ちがなかなか生まれません。

一度親しくなると急激に距離感を縮めてくる「こじか」や寂しがり屋の「ひつじ」は、いつもみんなの中で話題の人、中心人物である「チータ」を慕ってくっついてきます。だから「チータ」にとっては主導権を握りやすく、扱いやすい存在なのです。

何をするにも取り掛かりが早く、瞬発力はあるけれど、長期戦が苦手な「チータ」にとって、苦境に屈しない強さ、一本気なところがある「ライオン」は尊敬できる人物です。だ

チータのリレーション（力関係）

から一緒に仕事をしてもぶつかることが少ないはずです。

　ママ友同士、同僚や友達でも、「チータ」は「ライオン」に一目置いているので、大切な存在だとわかっていて、「ライオン」のよさを生かした人間関係を築けます。

　しかし、愛嬌があって人懐《なつ》っこく、人間的には魅力ある「たぬき」は、「チータ」には実はやっかいな存在。というのは、瞬発力があって、テンポよく進めたい「チータ」にとって、天然ボケでもある「たぬき」は打っても響かないタイプなのでイライラします。とくに恋愛では、「たぬき」にのらりくらりと、あっけなくかわされて振り回されてしまいます。

黒ひょう

自分がリーダーシップを発揮できる相手とは相性◎

常にリーダーシップをとりたく、またスマートでかっこよく見られたいのが「黒ひょう」です。正義感の強さや批判精神が強く、曲がったことが嫌いな「黒ひょう」にとって、現実志向の「狼」や「子守熊《コアラ》」、依存心の強い「こじか」は理詰めで説得できる相手。「黒ひょう」にとっては優位な立場を築きやすい関係です。

しかし自分よりもっとリーダー資質があり、上にも下にも慕われて統率力抜群の「ライオン」や、好奇心旺盛でどんなことにも果敢にチャレンジする「チータ」は、あまりに眩《まぶ》しすぎる存在で、彼らの前では「黒ひょう」は気遅れしたり、萎縮してしまい自分のよさが出せません。

黒ひょうのリレーション（力関係）

喜怒哀楽が激しく、繊細で多感な「黒ひょう」は、ストレスを感じやすいタイプで落ち込むことも多いでしょう。そんな「黒ひょう」を明るく和ませてくれるのは、気配り上手で、場を盛り上げるのが上手な「猿」です。

何かと面倒を見てくれる「黒ひょう」へ「猿」は好意をもっています。

基本的には「黒ひょう」が主導権を握り、細かい金銭管理、メンタルケアなどは「猿」の役割とすれば、仕事はもちろん、恋人同士、夫婦間でも相性のいい組み合わせです。

ストレスを感じやすい相手は、「虎」です。親分肌で、逆らうと容赦なくキツイ言葉で責める「虎」に、「黒ひょう」は心を折られてしまいます。

ライオン

本音と建て前を使い分ける内柔外剛な相手は苦手

人の面倒見がよく、裏表のない性格の「ライオン」にとって、理解しづらい相手は「子《コ》守熊《アラ》」です。一見おとなしそうなのに、実は計算高く、人を出し抜いて勝つのが好きな「子守熊《コアラ》」のような内柔外剛な人は、つかみどころがなくて振りまわされてしまいます。

仕事で「子守熊《コアラ》」が部下だったら扱いづらいし、恋愛なら片想いです。友達同士であっても、いまいち何が本音なのかわからず、ヘンに気を使ってしまう相手。

優雅で気高い雰囲気の「ライオン」に、「黒ひょう」や「こじか」はあこがれます。つい、面倒を見てしまう「黒ひょう」、言うことを聞いてしまう「こじか」は、「ライオン」にとってはコントロールしやすい相手です。

また、「ひつじ」には、「ライオン」は強いストレスを感じることがあります。ふだんは

ライオンのリレーション（力関係）

冷静でクールな「ひつじ」なのに、気に入らないことがあるとグチったりぼやくことが多く、これに「ライオン」は共感できず、いらだちを感じるようになります。

ミエっ張りなところがある「ライオン」は時に大げさに話をしてしまいます。しかしこれに「ペガサス」の鋭い発想や天性のひらめきが合うと、思わぬ化学反応が生まれるので、大きなプレゼンなどを勝ち取れるパートナーになる可能性があるでしょう。感性は惹かれ合いますが、根本的な性格としては難ありです。

王様気分で、雑用など細かい事を相手に任せたい「ライオン」は、面倒くさがりの「ペガサス」をコントロールできません。もし「ペガサス」が部下だったら、かなり手を焼きます。

虎

仕切りと意見の押しつけで人間関係が崩壊

白黒をはっきりとつけたがり、とにかく自分の世界が大切な「虎」は、自分の考えを中心に行動します。しかしまったく逆の考え方で、すべての行動は人のためと考える「ひつじ」や「たぬき」は、「虎」の力技でなんでもやろうとするところからするりと逃れていき、なかなか思うようにコントロールできません。

そんな仕切り好きの「虎」に逆らえないのが「チータ」と「ペガサス」です。

威風堂々とした「虎」と一緒にいることで、前向きだけれどあきらめが早く、軽い雰囲気の「チータ」は自分の格も上がると思うと「虎」に逆らうことができません。「虎」は「チータ」の瞬発力を生かして、仕事のシーンでは上手にコントロールします。

虎のリレーション（力関係）

協力者として相性がいいのは「子守熊《コアラ》」です。長期展望で夢を実現する「子守熊《コアラ》」にとって、絶妙なバランス感覚をもつ「虎」は、自分の方向性を見失わないための大切な存在になります。だからといって「虎」に頼りっぱなしということではないので、長期間にわたるプロジェクトなどではお互いのよさを引き出して相乗効果を生めるいい関係です。

意外にもナイーブで神経質なところもある「虎」にとって、面倒な相手は「ゾウ」です。細かいことに気を回せず、自分のやりたいようにやる「ゾウ」にストレスを感じます。「虎」が注意したり、指導しても的外れな反応を返す「ゾウ」は〝暖簾に腕押し〟といったところで、やりづらさを「虎」は感じます。

たぬき

要領がよすぎてズル賢い相手を敬遠

愛嬌があって、とくに年配の人や年の離れた人から可愛がられる「たぬき」は、その場を明るく盛り上げてくれる「猿」や、自分を慕って甘えてくる「こじか」をコントロールしやすく、上手に仲間に取り込むことができます。

また、誠実な「たぬき」には、「虎」も従うでしょう。愛嬌があって人懐っこいところも、「虎」から気に入られます。世話好きなので、何かとリードしたい「虎」の欲求を満たすのは「たぬき」で、この関係をコントロールしているのは「たぬき」の賢さです。

仕事のパートナーとして、協力し合えるし、恋愛でも友達でも長続きする関係です。「たぬき」は「虎」のために親愛の情を抱いて、逆らうこともなければ、言いなりになることもありません。このさじ加減が絶妙なのです。

たぬきのリレーション（力関係）

しかし決めたことを最後までやり通す鋼の精神をもった「ゾウ」や、ワンマンで、決して弱音をはかない自分に厳しい「ライオン」にはかないません。彼らの強情っぷりに、「たぬき」はひれ伏すしかないでしょう。

楽しいことが大好きな「子守熊《コアラ》」と「たぬき」は一見似ているようですが、「子守熊《コアラ》」の計算高いところやズル賢いところが許せません。一緒にやった仕事でも「子守熊」はちゃっかり自分の手柄にしてしまい、「たぬき」はくやしい思いをします。

「たぬき」同士は穏やかな者同士なので、刺激がなくて恋愛や仕事仲間として切磋琢磨していくというよりは、研究仲間といった感じです。

子守熊《コアラ》

心配だから干渉すると相手に距離を置かれる

計算高くて疑い深いため、相手が何を考えているのか、深読みしてしまう「子守熊《コアラ》」にとって、性格に裏表がなく単純な「ライオン」や「チータ」、「猿」はコントロールしやすいタイプです。

しかし、感受性豊かで、喜怒哀楽もあり、寂しがり屋でかまってもらいたい「こじか」や「ひつじ」などに頼られたり、甘えられたりすると、うっとうしいと思いながらも、つき離すことができず、自分のペースを乱してしまって言いなりになってしまいます。恋愛では、別れたあとでも放っておけない「腐れ縁」になりかねません。

ロマンチストでありながら、現実主義という矛盾した面をもった「子守熊《コアラ》」ですが、知的でスマートな「黒ひょう」とはいい力関係が築けます。

子守熊《コアラ》のリレーション（力関係）

「子守熊《コアラ》」は、長期計画を立てるのが得意なので、「黒ひょう」を上手に持ち上げて、リーダーシップを任せることで、自分の計画を実現へとつなげます。仕事とパートナーとしても最適ですし、結婚相手として理想的です。

空想することが好きな「子守熊《コアラ》」にとって、驚くほど自由な発想、奇抜なアイデアやひらめきがある「ペガサス」は憧れ的存在でも、あまりに感覚がかけ離れていて理解に苦しみます。

心配性の「子守熊《コアラ》」の言葉に「ペガサス」は聞く耳なし。親子関係であればケンカが絶えないでしょう。「子守熊《コアラ》」の親は、「ペガサス」の子どもを、干渉しすぎず、時には遠くから見守ることも大切です。

ゾウ

スマートで器用 憧れは自分にないものをもった人

短気で心配性、時に組織のなかでスタンドプレイをしてしまう「ゾウ」にとって、気配りができて社交的な「たぬき」や、面倒見のいい「ライオン」は安心して自分の素を出せる相手です。

しかし、自分の行動が中心で、ひとりが好きな「狼」や「子守熊《コアラ》」には、仕切られっぱなしでうまく自分のペースをつくることができません。

甘え下手で片意地を張ってしまい、何でも自分で解決しようとする「ゾウ」にとって、正直で甘え上手な「こじか」は、はじめのうちはかわいい存在です。付き合いが続くと、徐々にわがままで人を振りまわす「こじか」がうっとうしくなります。

ゾウのリレーション（力関係）

「ゾウ」の部下や後輩が「こじか」だと、「自分では何にもできなくて使えない」とグチりたくなることもあるでしょう。子どもが「こじか」なら、「自立しなさい」と、事あるごとに言いたくなり、イライラを募らせます。

地道に努力を積み重ねる「ゾウ」にとって、器用でおしゃれな「黒ひょう」は憧れ的存在。恋愛であれば「ゾウ」はすぐに「黒ひょう」に片想いをします。

「黒ひょう」は、「ゾウ」と時間をともにするうちに「ゾウ」のよさに気づいてくれます。「ゾウ」は「黒ひょう」の不安定な気持ちを支え、「黒ひょう」は、心配性な「ゾウ」を見守りします。

恋愛から結婚にも発展する関係で、仕事ではよきパートナーになります。

ひつじ

自分と真逆の個性の人と補い合う関係をつくれる

仕切り上手で自分の意思で行動したい「虎」や、愛嬌がよくて世渡り上手な「たぬき」、みんなにかわいがられている「猿」は、クールな「ひつじ」には脱帽です。反対に、あまりに自由すぎる「ペガサス」や、和を無視してスタンドプレイに走る「ゾウ」は、「ひつじ」の手に負えません。

和を乱すことがとにかく嫌いな「ひつじ」と、ひとりが好きで、人と合わせようとしないマイペースな「狼」は真逆の個性の持ち主です。はじめのうちは面倒見のよさから集団から離れた「狼」をフォローしようとしますが、やがては価値観がまったく合わない人という思いが強くなり、ストレスを感じます。

ひつじのリレーション（力関係）

「狼」にしかできない役割、仕事を振ることで、できるだけひとりになれる時間をつくってあげられれば、人間関係に摩擦が起きるのを防げるでしょう。

相性がいいのは「チータ」です。目標に向かって一気に突っ走る「チータ」と、穏やかで沈着冷静な「ひつじ」は、表面的にも、性格的にも正反対です。だからこそお互いの長所と短所を補い合える関係で、どちらから見ても非常にいい相性で、素敵な関係が築けます。

客観的な判断ができて、集中力抜群の「ひつじ」が、頭の回転が速く行動力のある「チータ」をサポートすれば、仕事では最強のタッグが組めるし、友人同士、恋人同士なら刺激し合える関係になれるでしょう。

ペガサス

自由奔放さを見守ってくれる心の広さをもった相手がベター

いつも世のため人のために動いている「ひつじ」や、一途な「ゾウ」は、「ペガサス」にとっては扱いやすい存在です。「ゾウ」は単純で直情的なので、「ペガサス」にとっては何を考えているのかを理解しやすい相手。また、頭が固くてまじめな「ひつじ」は、「ペガサス」に尽くしてしまい、それに楽して甘えるのが「ペガサス」なのです。

12動物の中でも群を抜いて独創的で自由奔放、非現実的な「ペガサス」にとって、現実主義の「猿」や「狼」はあまりに正論を言うので太刀打ちできません。「おっしゃる通り」という感じで、「ペガサス」の直感や突拍子もないアイデアははねのけられてしまいます。

ペガサスのリレーション（力関係）

刺激的なことが大好きな「ペガサス」は、目新しいもの好きな「チーター」と会ってすぐに意気投合します。好奇心の矛先が同じなら、そこに向かってまっしぐら。仕事では想像もできないくらいの集中力を発揮するでしょう。また、恋愛でもマンネリ関係が少なく、いつもお互いにドキドキしていられます。

センスがよく感受性豊かな「黒ひょう」のことは認めてはいるものの、お人好しで、時に人の苦労まで背負い込んだり、世話を焼きすぎることがあるので、その点に関してはモノ申したい「ペガサス」です。いろいろ背負い込んで、陰でくよくよする「黒ひょう」を見て、思わずイラッとしてしまい、なかなかいい関係が築けません。

COLUMN 2

「適切な指導法がわかって子どもの実力が伸びています」――スポーツアカデミー新城

スイミング教室である神奈川県のスポーツアカデミー新城の所長の大羽将裕さんは、子どもの実力をどのように伸ばしたらいいのかと悩んだ際に、「個性心理学」を取り入れました。

その方法は実にユニーク。まずは子どもたちのスイミングキャップを、MOON、EARTH、SUN によって色分けをしたのです。

さらにスイミングキャップの名前を書くところには、12 分類の動物キャラのイラストを入れました。

水泳を初めて体験する子どももいれば、体力づくりに来ている子も、たいして練習しなくてもすぐに修得して泳げるようになる子もいます。

さまざまな子どもがいるからこそ、指導法も異なります。

A くんには適していても、同じように B ちゃんに教えたら、かえって自信をなくしてしまった。C くんへは全然伝わらなかった、ということを何度も繰り返したそうです。

ところが、こうして動物キャラの個性ごとに分類すると、上達レベルが同じクラスであっても、子どもそれぞれに適した指導があることがよくわかりました。このように個性心理学を実践しているのです。

上手に泳げるようになったり、コーチとのコミュニケーションが楽しければ、子どもたちにとって水泳教室は楽しい場所になります。

コーチと子どもたちの関係は良好になるし、それによって親御さんたちも喜んでくれる、こんな「WIN-WIN」な関係をつくれる水泳教室は素晴らしいと思います。

MOON、EARTH、SUN の3分類は帽子の色で区別。さらに個性がわかるように 12 分類の動物キャラのイラストも帽子につけている。

PART 3 上級編

運気のリズムで好運をつかむ

人生の運気のリズムを知れば チャンスがつかめる

▼運気の周期は10年単位で考える

北国の農家は、雪がとけたら田を耕し、春になったら種をまき、梅雨の頃に田植えをし、秋には豊かな実りを収穫します。

では、もし春ではなく、秋に種をまいたらどうなるでしょう？　せっかく顔を出した芽は、やがて襲いかかる冷たい風と雪に、見るも無惨《むざん》に枯《か》れてしまうことでしょう。

お米にも1年の周期があるように、人生にも周期＝リズムがあります。日々のリズム、月のリズム、年のリズムもありますが、実り多き人生を考えるうえでは、10年で巡る大きなリズムを知っておいたほうがいいでしょう。

これは人生の天気予報のようなもので、人生のいい時も、そうでない時も知ることで、どのように行動すればいいのかのヒントになります。備えが必要な時期を知ることで、不調期をうまく乗り越え、好調期には、チャンスをつかむことができます。

▼幸運へと導くスケジュールを知る

人生の周期＝「**リズム**」は「**開墾期**」「**発芽期**」「**成長期**」「**開花期**」「**収穫期**」の5期からなり、それぞれ2つに分かれています。その1つ、1年分を「トキ」といい、10年ひとくくりでリズムを織りなします。

10ある「トキ」で、今年の自分はどれにあたるのかは、22〜27ページで導き出した60動物のキャラクターによって決まります。

また、60動物のそれぞれに「**大樹**」「**草花**」「**太陽**」「**灯火**」「**山岳**」「**大地**」「**鉱脈**」「**宝石**」「**海洋**」「**雨露**」の10種類の天のエネルギーリズムがあり、これらによってそれぞれの年と月のトキの流れと運気を決定します。まずは自分の60分類の動物キャラからエネルギーリズムをチェックしましょう（200〜201ページ）。

そして、10ある「トキ」はどんな運気かを知り（204〜223ページ）、自分のリズムから、気になる年の運気を見てみましょう（224〜243ページ）。巻末の60分類キャラクターとリズム、MOON・EARTH・SUN対応表もご活用ください（252〜253ページ）。

Field
大地

広大な大地のような人。気さくな庶民派で、大きな包容力をもっているので多くの人から好かれます。夢をゆっくりと追い求めるタイプの人。

- 6 愛情あふれる虎
- 16 コアラのなかの子守熊《コアラ》
- 26 粘り強いひつじ
- 36 好感のもたれる狼
- 46 守りの猿
- 56 気どらない黒ひょう

Metal
鉱脈

深い山懐から掘り出された強靭な鉄のような人。鍛えれば鍛えるほど成長します。パワフルですべてのことに全力投球します。

- 7 全力疾走するチータ
- 17 強い意志をもったこじか
- 27 波乱に満ちたペガサス
- 37 まっしぐらに突き進むゾウ
- 47 人間味あふれるたぬき
- 57 感情的なライオン

Jewelry
宝石

原石が磨かれて宝石になったような人。外見は華やかでも内面は繊細で神経質。感情の鋭さがストレスを招くこともあるので注意が必要です。

- 8 磨き上げられたたぬき
- 18 デリケートなゾウ
- 28 優雅なペガサス
- 38 華やかなこじか
- 48 品格のあるチータ
- 58 傷つきやすいライオン

Ocean
海洋

果てしなく広がる大海のような人。自由を愛し束縛を嫌い、夢とロマンを胸に、物事に動じない人生を送ります。

- 9 大きな志をもった猿
- 19 放浪の狼
- 29 チャレンジ精神の旺盛なひつじ
- 39 夢とロマンの子守熊《コアラ》
- 49 ゆったりとした悠然の虎
- 59 束縛を嫌う黒ひょう

Rain Drop
雨露

雨粒や霧などひと粒のしずくのような人。慈愛に満ちた母性愛と知性をもち、形を自由自在に変えられる柔軟性があります。

- 10 母性豊かな子守熊《コアラ》
- 20 もの静かなひつじ
- 30 順応性のある狼
- 40 尽くす猿
- 50 落ち込みの激しい黒ひょう
- 60 慈悲深い虎

10のリズムの性格と60分類キャラクター対応表

Big tree 大樹

天に向かってまっすぐに伸びる大樹のような人。独立心旺盛で気持ちがストレート。人との調和を大切にします。

- 1 長距離ランナーのチータ
- 11 正直なこじか
- 21 落ち着きのあるペガサス
- 31 リーダーとなるゾウ
- 41 大器晩成のたぬき
- 51 我が道を行くライオン

Grass 草花

人々の心を和ます草花のような人。気持ちがこまやかで、社交的なところが魅力。踏まれても起き上がる雑草のような強さをもっています。

- 2 社交家のたぬき
- 12 人気者のゾウ
- 22 強靭な翼をもつペガサス
- 32 しっかり者のこじか
- 42 足腰の強いチータ
- 52 統率力のあるライオン

Sunshine 太陽

太陽のように熱血でエネルギッシュな人。感情豊かで情にもろい。天真爛漫なところが魅力で、細かいことにこだわらず行動します。

- 3 落ち着きのない猿
- 13 ネアカの狼
- 23 無邪気なひつじ
- 33 活動的な子守熊《コアラ》
- 43 動きまわる虎
- 53 感情豊かな黒ひょう

Candle light 灯火

闇を照らすキャンドルのような人。感情豊かな明るい性格です。燃え上がる情熱と、情にもろいナイーブさを秘めています。

- 4 フットワークの軽い子守熊《コアラ》
- 14 協調性のないひつじ
- 24 クリエイティブな狼
- 34 気分屋の猿
- 44 情熱的な黒ひょう
- 54 楽天的な虎

Mountain 山岳

山のようにどっしりと構えた人。人がよく、愛情深く、奉仕の精神が旺盛です。面倒見がよいので、何かと人に頼りにされることが多いです。

- 5 面倒見のいい黒ひょう
- 15 どっしりとした猿
- 25 穏やかな狼
- 35 頼られると嬉しいひつじ
- 45 サービス精神旺盛な子守熊《コアラ》
- 55 パワフルな虎

リズムとトキの対応表（2020～2030年）

	大樹	草花	太陽	灯火	山岳	大地	鉱脈	宝石	海洋	雨露
2020年	転換	完結	投資	成果	調整	焦燥	活動	浪費	整理	学習
2021年	完結	転換	成果	投資	焦燥	調整	浪費	活動	学習	整理
2022年	整理	学習	転換	完結	投資	成果	調整	焦燥	活動	浪費
2023年	学習	整理	完結	転換	成果	投資	焦燥	調整	浪費	活動
2024年	活動	浪費	整理	学習	転換	完結	投資	成果	調整	焦燥
2025年	浪費	活動	学習	整理	完結	転換	成果	投資	焦燥	調整
2026年	調整	焦燥	活動	浪費	整理	学習	転換	完結	投資	成果
2027年	焦燥	調整	浪費	活動	学習	整理	完結	転換	成果	投資
2028年	投資	成果	調整	焦燥	活動	浪費	整理	学習	転換	完結
2029年	成果	投資	焦燥	調整	浪費	活動	学習	整理	完結	転換
2030年	転換	完結	投資	成果	調整	焦燥	活動	浪費	整理	学習

自分がどのリズムかがわかれば 2020 ～ 2030 年までの 10 年間の各年はどのような運気なのかがわかる。

どんな時期かは「トキ」が教えてくれる

人生の周期＝リズムには「開墾期」「発芽期」「成長期」「開花期」「収穫期」があります。

そして「開墾期」には1年ごとに〝**整理**〟〝**学習**〟「発芽期」には〝**活動**〟〝**浪費**〟、「成長期」には〝**調整**〟〝**焦燥**〟、「開花期」には〝**投資**〟〝**成果**〟、「収穫期」には〝**転換**〟〝**完結**〟という10の「トキ」があります。この「トキ」がどんな時期かを知ることが重要です（204～223ページ）。

とくに注意したいのは〝浪費〟〝調整〟〝焦燥〟の3年間。時間やお金の浪費が多かったり、周りとの調整が必要だったり、焦燥感にかられたり、人間関係のトラブルが多い時期です。10年の運気のサイクルの中でもこの3年間は慎重に過ごしたい時期です。

正行運のグラフ （大樹、太陽、山岳、鉱脈、海洋）

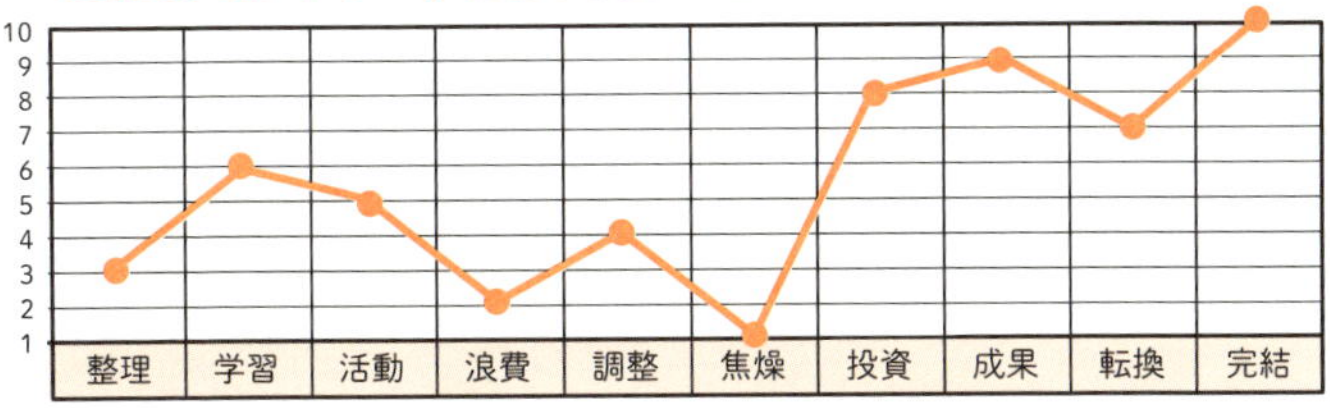

逆行運のグラフ （草花、灯火、大地、宝石、雨露）

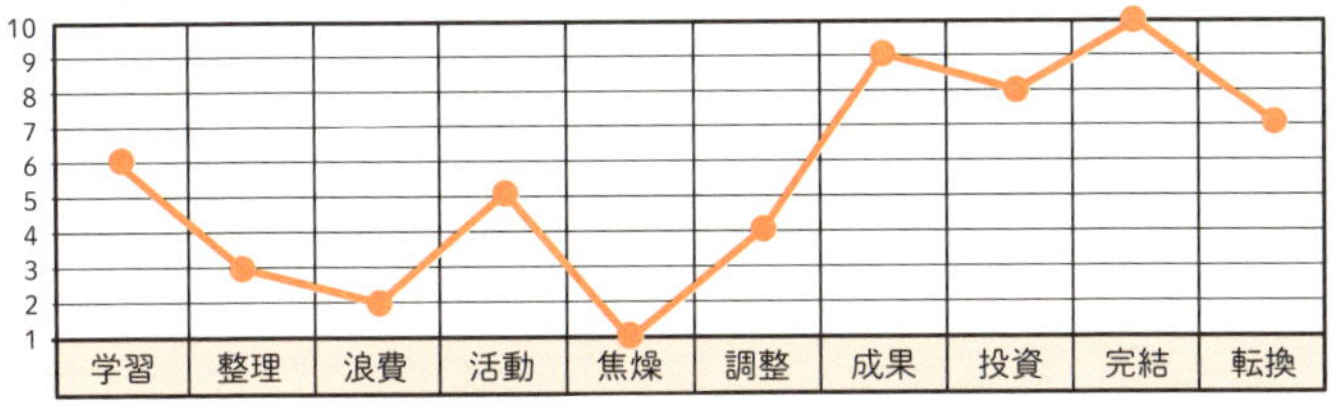

グラフにしてみると、運気の良しあしが一目瞭然。今年はどの「トキ」なのかがわかれば、行動すべきか、待つべき時期なのかがわかる。10年で一巡して、同じリズムに戻る。

▼正行運、逆行運で運気の流れを知る

運気のリズムには正行運と逆行運があり、これは10のリズムごとに異なります。

正行運は、「大樹」「太陽」「山岳」「鉱脈」「海洋」が該当し、「トキ」の順番がこのようになります。整理→学習→活動→浪費→調整→焦燥→投資→成果→転換→完結。

一方、逆行運は、「草花」「灯火」「大地」「宝石」「雨露」が該当し、「トキ」の順番が正行運とは異なります。学習→整理→浪費→活動→焦燥→調整→成果→投資→完結→転換となり、10年で一巡します。

10年単位で運気を見れば、仕事や育児などの計画が立てやすくなります。224〜243ページのリズム別のグラフを活用してください。

開墾期

整理
学習

明るい未来のために種まきをする時期

これから種をまく大地を掘り起こして耕す時期。それだけに労力が必要で、苦労が多い時期ですが、この時期にいかにていねいに土地を耕し、種をまき、良質の肥料をやったかで今後の実りに大きな差が出ます。

苦労を経験した人にしか、成功を体験することはできません。あとになってみればその苦労も報われますが、この苦労の時期の真っ只中にいるときはひたすら地道に準備をするしかありません。

まさに10年の運気の土台づくりの時期で、底上げできるか、できないかが、かかっています。

近い将来でなく、あえて10年先をイメージ

とはいえ、何からどのように手をつけていいのかがわからない時期でもあります。ただただ右往左往してしまって、時間だけが過ぎてしまうこともあるでしょう。また、とりあえず、と思い無駄に行動して、エネルギーを消費してしまいかねません。

そうならないためにも、じっくりと腰を据えて、将来をイメージしてみましょう。日々のことに追われがちな日常なら、なおさらです。

今日や明日、1カ月後、2カ月後はなんとなくイメージできても、10年後の自分をイメージすることを後回しにはしていませんか？

仕事で成功していたいのか、幸せな家庭を築いていたいのか、海外で活躍していたいのか、漠然としたイメージからでもかまいません。少しずつ10年後の姿を具体的にし、今何をすればいいのか、どんな種まきが必要なのかを見つけだす大切な時期なのです。

POINT

無駄に労力を使って動き回らず、コツコツ夢への準備をする

整理

KEYWORD：整理整頓、リフレッシュ、気の流れを整える

長期的な展望を思い描き身も心も巡りをよくする

物事の判断基準があいまいになり、気分的にもすっきりしない「トキ」。広大な土地を目の前にして、どう手をつけていいのかわからず、茫然《ぼうぜん》としているような状態です。でも、慌てたり焦ったりして、むやみに行動してはダメ。動きまわる「トキ」ではありません。

発想はむしろ豊かになる時期なので、目先のことではなく、プラス志向&長期展望で自分の将来をイメージしながら、いろいろな思いを巡らせてみましょう。

じっくりと腰を据えて大地を耕すのです。労働を終えた後は、エネルギーを蓄えてリフレッシュすることが不可欠。

またこの時期に必要なものと、そうでないものを選別して不要なものは断捨離してください。モノだけでなく、人間関係も同様です。あなたにとってやっかいな人は、これからの成長を阻害する最大の要因になるからです。どんどん断捨離をして、気の流れをよくすることで運気が上がります。

運勢レベル

・総合運＝3　・恋愛運＝3
・金運＝2　・健康運＝3

学習

KEYWORD：よく学び、よく遊ぶ、名誉、表彰台、金メダル

勉強に受験、過去の自分から学ぶことで成長できる

これまでの気持ちや思考のモヤモヤがすっきりして、身も心も晴れやかになる「トキ」です。将来の実りに大きな夢を抱き、何事も学び吸収しようという気持ちで、広大な土地をしっかり耕して準備をしましょう。

何事も学ぶという姿勢は、周囲へも影響を及ぼします。尊敬され、その努力はやがて社会的に認められ、報われることも。ただし、今までの自分のあり方や仕事の進め方、人との付き合い方などを、いま一度振り返って、本当にこれでいいのかを考え、改めるべきところを改めて自分の成長につなげる時期に入っています。

そのためにもこの時期は新たなスタートを切るのではなく、これまでの自分の行ないを素直に反省し、改めて、今後の成長につなげることが大切。

「学習」という「トキ」なので、文字通り勉強の時期。勉強や受験に最適な運気の年です。また女性にとっては金運や結婚運にも恵まれる年になるでしょう。

運勢レベル
- 総合運＝6　・恋愛運＝7
- 金運＝6　・健康運＝5

発芽期

活動 浪費

労力を惜しまずに可能性を育てる時期

開墾期にまいた種が、いよいよ芽を出す時期です。どんな芽を出すのか、楽しみでもあり、ちゃんと芽が出るのか心配でもあり、心は不安定な状況です。

土を押しのけて、大地から芽を出すためには、最もエネルギーを必要とするし、エネルギーを出し惜しんではいけません。手抜きや投げやりはこの後の成長を阻《はば》んでしまいます。

小さな仕事やチャレンジでも、たとえ今あまりお金にならなくても、開墾期に思い描いた将来像につながるのなら、取り組むべきです。

また、尊敬できる人や気の合う人がいれば、面倒でもまめに連絡をとって関係をつなげておきましょう。人付き合いはエネルギーがいりますが、大切な人脈は切らさず、育てること。何かあったときに相談できる関係、助け合える関係をコツコツと築くことです。

ただし、エネルギーのいる時期なので、労力を費やしたら必ずチャージする、休息をしっかりとるなど体調管理も十分にしなくてはいけません。

▼将来を見据えながら慎重に行動

ようやく夢へのスタートラインに立った新たな巣立ちの時期でもあるので、重要な時期だと心得て、慎重に過ごすことをおすすめします。

植物を育てる場合でも最も神経を使うのがこの発芽の時期です。小さくてデリケートな芽を大切に育てることで、思いもよらないほど大きな成果となります。

反対に、ちょっとしたミスが命取りになり、せっかく出始めた芽が台無しになることもあります。ここを慎重に切り抜ければ今後の展望が大きく開いてきます。

POINT
▼
エネルギーは先行投資だと思って踏ん張れば、将来が明るくなる

活動

KEYWORD：スタートダッシュ、先行逃げ切り、新たな巣立ち

周囲の人に気を配りながら積極的に前進

頭のモヤモヤが晴れて、体調がよく、気力も充実していて新たな計画を実行に移す「トキ」の到来です。

新芽の緑がまぶしいといったさわやかで、生命力にあふれている雰囲気です。

発芽期の「活動」の時期は、伸びようとする意欲に満ちあふれています。環境の変化に柔軟に対応できる時期なので、積極的に取り組み、自分の考えや気持ちを前面に出していきましょう。

ただし、あまりにも意欲的な行動で、周りの人たちの気持ちを無視して突っ走ってはいけません。人間関係のトラブルに巻き込まれる可能性もあります。

ちなみに、生年月日は誰にとっても「活動」の日なのです。

生命の源であり、新しい息吹でもあり、無限の可能性を秘めています。ただしまだ誕生したばかりの危うい時期なので注意深く、着実に前進しましょう。

運勢レベル

・総合運＝5　・恋愛運＝5
・金運＝4　・健康運＝6

浪費

KEYWORD：エネルギーの充電、衝動買いに注意

体調を整えて体力温存 お金と人間関係に注意

体調をくずしがちで、気力がいまいち充実しない時期です。

開墾期に広大な土地を耕したあとで、疲れがたまっていたのでしょう。その後、大量のエネルギーを使って芽吹くので、疲れが出る時期です。

ひと仕事終えた安堵感から、他のことにも目がいきがちです。しかしこの時期は、新しいことに目を向けるよりも、体力を温存することを優先しましょう。

とくにお金と人間関係には注意が必要です。何をやってもうまくいかず、失う可能性があります。人生のトンネルの入り口で先が見えず、不安になったり、モチベーションが上がらず、投げやりになりがちです。

しかし協力者や仲間を得ることで、行動力を取り戻すこともあります。

人間関係では、愛情や信用は一度失うと、取り返すのが大変。人間関係に注意しながら過ごすことが大切です。

運勢レベル

・総合運＝2　・恋愛運＝2
・金運＝1　・健康運＝1

成長期

調整
焦燥

衝突と調和を繰り返す成長期

大地から伸び上がった芽が、スクスクと成長する「トキ」です。成長期の子どものように、急激に身長が伸びて、骨の成長が追いつかないような状態を起こすこともあるでしょう。また、プランターに植えられた植物が急激に成長したときのように、窮屈に感じることがあるかもしれません。

この時期は、自分自身が成長することばかりが気になって、周りへの気使いを忘れがちです。時に調和を失ってしまうこともあるので注意が必要です。

しかし、周りの人あってこその自分の成長です。自分のことばかりに躍起にならず、おおらかな気持ちを常にもつことを心がけましょう。

これがこの時期に大きく成長するためのポイントです。

10年に一度の試練のトキ

正行運の人は調整の翌年が焦燥、逆行運の人は焦燥の翌年が調整の「トキ」となります。調整の「トキ」は比較的精神的にも安定しています。

しかし「焦燥」の「トキ」は、感性が敏感になっているせいか、ちょっとしたことでイライラすることがあります。この2年は非常にギャップの多い時期になります。

人間関係において、衝突や調和を繰り返す時期でもあるので、自分の心をコントロールするのが難しかったり、人間関係の正解が見つからず思い悩むことも多いでしょう。

それは、あなたが相手の身になって考えている証拠です。だから、人間的には最も成長できる素晴らしい試練の時期であると認識して、踏ん張って乗り越えると成長できます。

POINT

苦難があるからこそ成長が著しい時期

調整

KEYWORD：**転ばぬ先の杖、良好な人間関係**

備えがあれば安心
安定を追求する時期

心が落ち着いて余裕が出てくるので、将来への見通しが明るくなるトキです。

わずらわしい人間関係から解放され、物事も順調に進むので、気持ちはウキウキと弾んでつい緩みがちになるでしょう。

こんなときこそ気持ちを引き締めないと、怠惰になって思わぬミスをしたり、小さな失敗が命取りになるので、注意が必要です。

快調な時期だからこそ、いろいろとチェックしたり、将来に備えておけば、転ばぬ先の杖となります。

車は事故を起こしてから修理すると高くつきます。しかし定期点検を丁寧にしておけば事故の確率は低くなるし、大事故につながらない可能性もあります。このように、自分自身も定期点検をしておくことで、ハプニングを回避できることもあります。

また、この時期は体調もよく、人間関係も良好でトラブルが少ないでしょう。

ただし新しいことを始めるより、安定と家庭を重視するといい年になります。

運勢レベル
・総合運＝4　・恋愛運＝6
・金運＝3　・健康運＝4

焦燥

KEYWORD：笑う門には福来る、人間関係のトラブル

人間関係、事故、けがとトラブル多し

今まで自分をしばりつけていた条件や環境から力づくで脱出し、大胆に行動して成功をつかむ可能性のある「トキ」です。

植物が今のサイズでは息苦しいと感じて急成長するような状態です。

急成長する人は、〝イケイケ〟で自分に自信があるので周りに気を配る余裕がありません。また今までの器では窮屈なので、息苦しさを感じる場面が多いでしょう。

この時期は知性と感性が敏感に研ぎすまされていくので、ささいなことでイライラしたりガマンができなくなり、人間関係のトラブルを避けられない時期でもあります。事故やけがにも見舞われやすいので注意しなくてはいけません。

常におおらかな気持ちで人と接し、これと思った人を味方にしておくことでトラブル回避の手助けとなることがあります。

ようやく人生のトンネルの出口にさしかかったところ。これを抜ければ、人間的に成長でき、上昇する運気に乗れます。

運勢レベル
・総合運＝1　・恋愛運＝1
・金運＝5　・健康運＝2

開花期

投資
成果

労力を惜しまずに可能性を育てる時期

ようやく今までの努力が報われて、美しい大輪の花を咲かせる時期が来ました。その花にひかれて多くの人が集まり、新しい出会いが広がって、親交が深まります。今まで自分の行動範囲にはいなかった人とも出会える絶好のチャンスです。

しかし、中には下心があって近づいてくる人もいるので、誠実な人かどうか、しっかりと観察して見極めることも忘れないでください。

何をやってもうまくいきます。それをすべて自分の実力と思わず、今までサポートしてくれた人への感謝の気持ちを持ち続けましょう。

気力も、体力の充実、金運も、仕事運もいい時です。金は天下のまわりものなので入ってくるお金も多ければ、出ていくことも多いでしょう。ケチらず、貯めこまずに大切な人への投資だと思って、お金を有意義に使う方法を考えることで、幸運へとつながるはずです。

もちろん自分へ投資することでも、明るい未来が待っています。

▼運気は上昇気流に乗り始める

謙虚でありながら、積極的に行動することでさらに運気はぐんぐん上がります。

成長の時期には人間関係に悩んだり、お金や事故などのトラブルがあって「なんで自分だけこんなに運が悪いの」「人生どん底、いつまで続くの」と思った方もいたでしょう。

安心してください。運気上昇で願いが実現するチャンス到来の時期です。しかし、受け身ではダメ、待っていてもダメ。自分から動くことがチャンスを手にする方法です。

対処POINT
▼
自ら積極的に行動することでチャンスを手に入れる

投資

KEYWORD：金は天下の回りもの、視界良好

積極的に行動することで運気はぐんぐん上がる

自ら積極的に働きかけることで物事が成就する「トキ」です。

人々がなごやかに花見に集うような状態で、人間関係は円滑に進むでしょう。

また、今まで考えられなかった人たちとの出会いがあり、今後の運命に大きくかかわる素晴らしい出会いも期待できます。

その分、お金の出入りも盛んで、人への協力も多くなりますが、相手にしたことはあとで必ず自分に返ってくるので、心からの支援を惜しまずに。大きな入金は貯蓄より投資に回し、チャンスを逃さないように常にアンテナを磨いておきましょう。

仕事運も良好です。会社員の人は実力を発揮して社内での評価が上がると昇進のチャンスです。

自営業の人は新しいビジネスのチャンスが到来するでしょう。

異性との出会い運もいい年です。運命の出会いという暗示があるので、新しい出会いの場を大切にしましょう。

運勢レベル

・総合運＝8　・恋愛運＝8
・金運＝9　・健康運＝10

成果

KEYWORD：棚からぼたもち、チャンス到来、一石五鳥

仕事運、金運、人間関係すべてが良好の年

周囲と調和しながらあらゆることが順調に進む最高の「トキ」です。

見事に咲いた大輪の花は、多くの人から高い評価を得るでしょう。

この時期は積極的に活動することで、金銭面も物質面も良好で、計画していたことがすべてうまくいく素晴らしい年です。

スケジュールをどんどん入れて、普段の何倍も頑張る「トキ」。無理をしてでも自分を強く押しだすことが大切。いつも以上に頑張ることが大切です。

気力も体力も充実しているので、疲れ知らずで突っ走ることができます。

仕事も金運もよく、すべてが思い通りにいき、ギャンブル運もあるので、ロトや宝くじで高額当選する確率も高いです。

しかし、男性は結婚運のある年ですが、中途半端に接していると女性に逃げられます。仕事か結婚かなど、二者択一に悩んだら、1つにしぼって真剣に相手と向き合うことが大切です。

運勢レベル

- 総合運＝9
- 恋愛運＝4
- 金運＝10
- 健康運＝7

収穫期

転換
完結

努力と苦労が実を結ぶ時期

これまでの努力がいよいよ実を結ぶ時期が来ました。と同時に、次の収穫期へ向けての準備を始める時期でもあります。気を抜かずに、次の収穫期へ向けて、さらなる真の実りを期待して将来の計画を立てましょう。

よい時期だけに、長期計画を立ててこの先10年をさらに実りある年にするべく準備をしておくと、これまでの10年より、これからの10年はもっといい運気になるはずです。

次の10年クールに備えて、自分の今置かれている環境を思い切って変えたいと思う時期でもあります。

自分自身のイメージチェンジから住んでいる環境、働く環境、ライフスタイルなどありとあらゆるところで、思い切った転換をするのにも適した時期です。

モテ期到来で、運気は最高

人気運も高まります。男女ともに異性との出会いや交際が活発になる「モテ期」の到来です。結婚にも最適です。積極的に多くの人が集まる場に出向き、出会いを大切にすれば、きっとあなたにふさわしい素敵な人との出会いがあります。

また、ビジネスのチャンスもあります。栄転、昇進、新しい事業への参入など、仕事の面でも大きな前進があるでしょう。恋愛にも、仕事にも全力投球できるだけの気力と体力も充実していて、まさに運気がマックスのときです。

この時期はうまくいっていることに、うつつを抜かさず、貪欲に行動しましょう。出会いのチャンスも広がるし、ビジネスのヒントになる人や出来事に出会えるかもしれません。

POINT

最高の運気を生かすのが、積極的な行動

転換

KEYWORD：変身願望、浮気

次のシーズンに向けて変わりたい願望が強まる

何かと変動が激しい「トキ」です。収穫期を迎え、心はすでに今後のことや外の世界へ向き始めています。それだけに気持ちはかなり攻撃的になっているはずです。

今までの環境にイヤ気がさして、これまでとは違った自分になりたいと願い、家庭をかえりみなくなることもあるので、周囲との摩擦には注意が必要です。

新しいチャレンジにはふさわしい時期ですが、激しい動きに対応して出費がかさみ、それなりに収入もあるので収支はトントンといったところです。

気持ちも大きくなっているので慎重に。でもウキウキできる年でもあるので、存分に楽しい1年にしましょう。

女性は異性との出会いが多い年でもあります。結婚を考えているのなら、この「トキ」に決着をつけるのがおすすめです。

仕事においては、これまでうまく進まなかった取引先などを積極的に攻めることで、大きな成約につながります。

運勢レベル

・総合運＝7　・恋愛運＝9
・金運＝7　・健康運＝8

完結

KEYWORD：モテ期突入、運気最高、パーフェクト人生

仕事運、金運、恋愛運すべてにおいて最高

何事においても正確で正しい判断ができる「トキ」です。

運気も高まり、豊作の祝いに大勢の人がかけつけるような状態です。

出世や栄転、新たなビジネス・チャンスなど社会的にも発展しますし、金銭的にも恵まれて申し分のない年です。

選挙や受験にもよい時期です。選挙活動に参加するのもいいし、立候補するのもいいでしょう。子どもの受験にも最適です。

男女ともに縁が生まれる年で、とくに女性は赤い糸の人との出会いや幸運な結婚が期待できます。男女とも、最も輝く「トキ」で、「モテ期」です。

金銭的にも社会的にも安定し、運気が高まる時期ですが、次に「開墾期」が待っているので浮かれてばかりはいられません。10年先を見越した長期計画を立て始めてください。

そうすれば次の10年は運気が底上げされ、すてきな10年になるでしょう。

運勢レベル

・総合運＝10　・恋愛運＝10
・金運＝8　・健康運＝9

グラフの見方

❶ 22-27ページで割り出した60分類の動物をチェックして自分のリズムを知る。(200-201p参照)
❷ 自分が何かを始めたい年など、運気を知りたい年のグラフを見る。
❸ 自分のリズムのなかで、気になる年の「トキ」をチェック。
❹ 縦軸の数値が高い月、低い月をチェック。月にも年と同様に「トキ」がある

6 ～ 10は好調期…完結・成果・投資・転換・学習
3 ～ 5は安定期…調整・活動・整理
1 ～ 2は低調期…焦燥・浪費

2025年

発芽期

浪 費

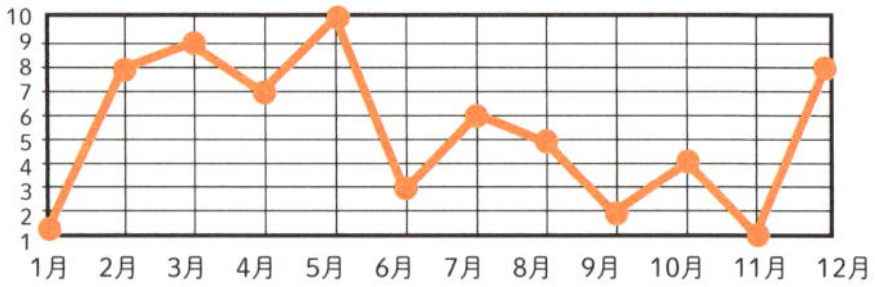

2026年

成長期

調 整

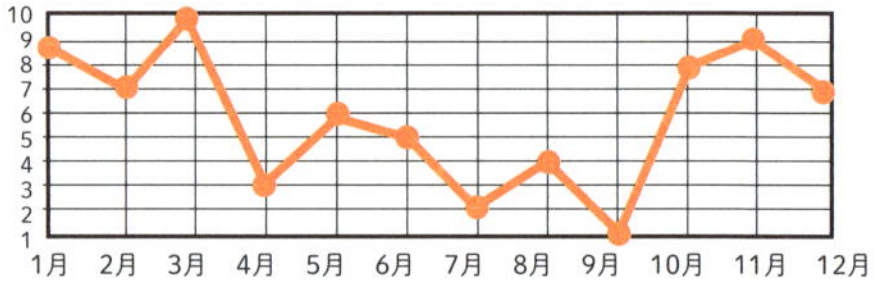

2027年

成長期

焦 燥

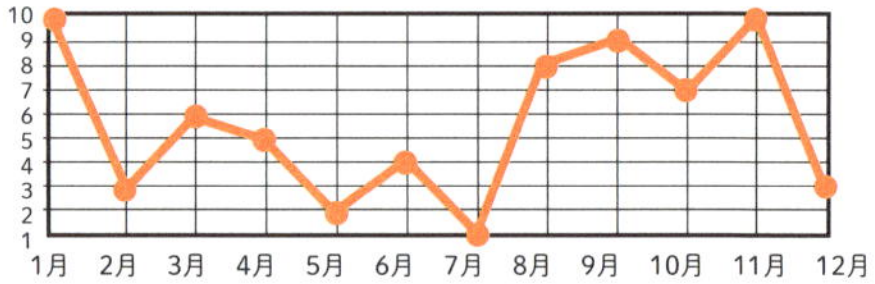

2028年

開花期

投 資

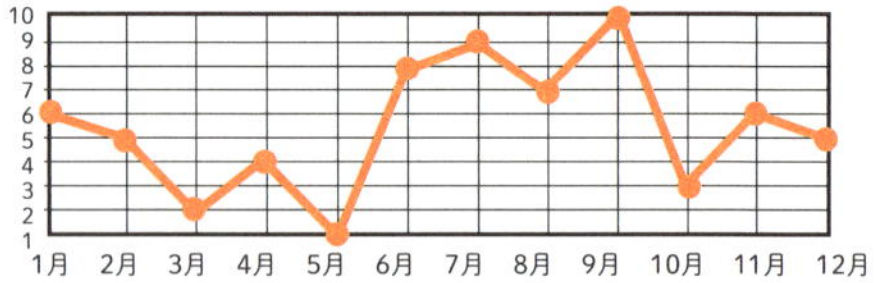

2029年

開花期

成 果

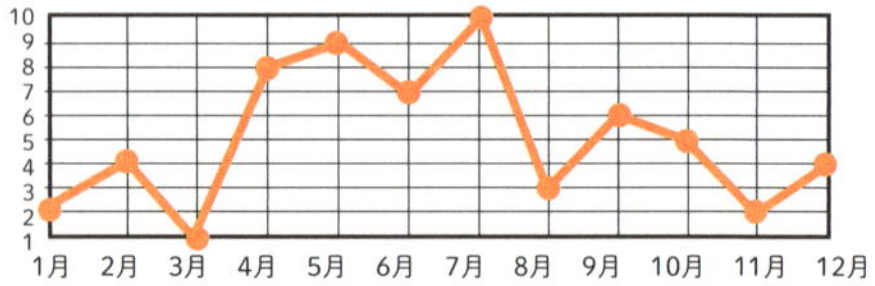

Big tree
大樹 トキのリズム

1 長距離ランナーのチータ　11 正直なこじか　21 落ち着きのあるペガサス
31 リーダーとなるゾウ　41 大器晩成のたぬき　51 我が道を行くライオン

2020年
収穫期
転換

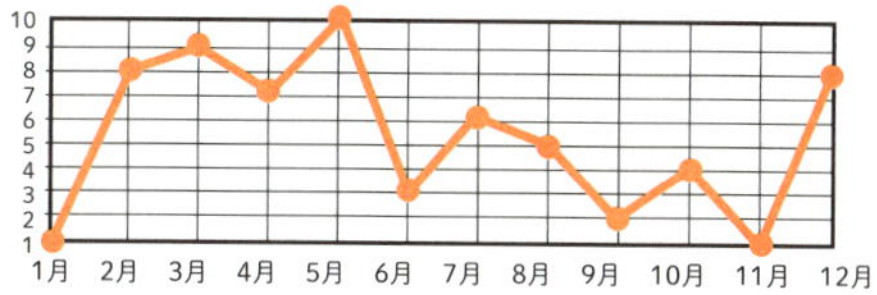

2021年
収穫期
完結

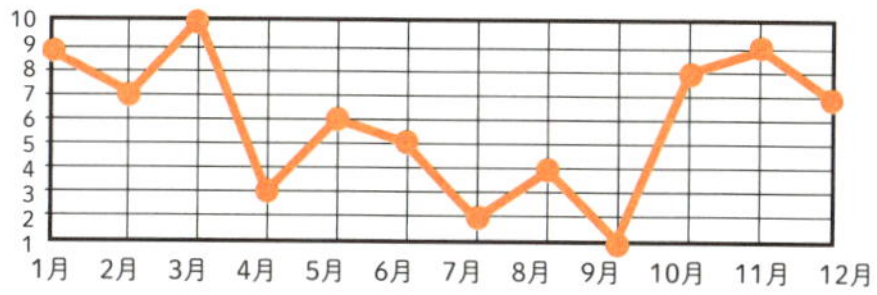

2022年
開墾期
整理

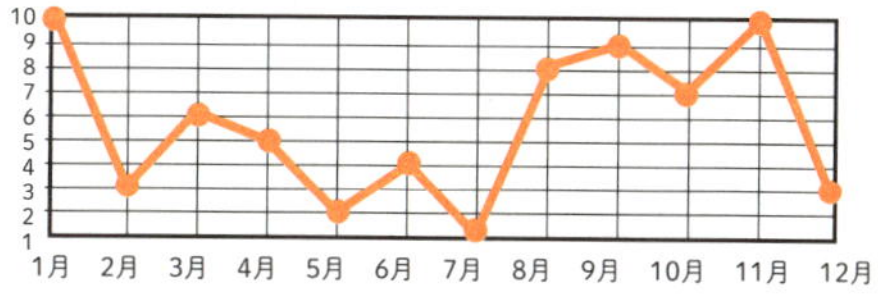

2023年
開墾期
学習

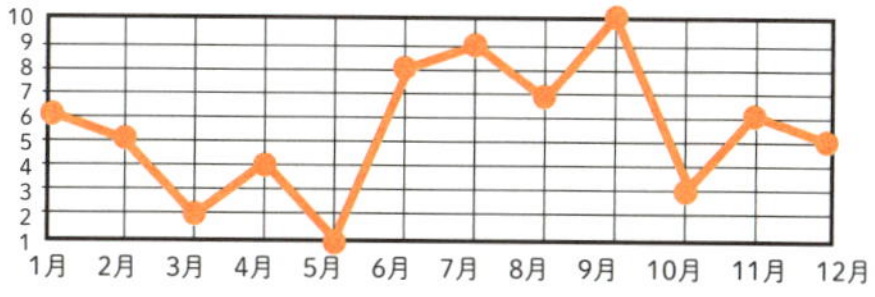

2024年
発芽期
活動

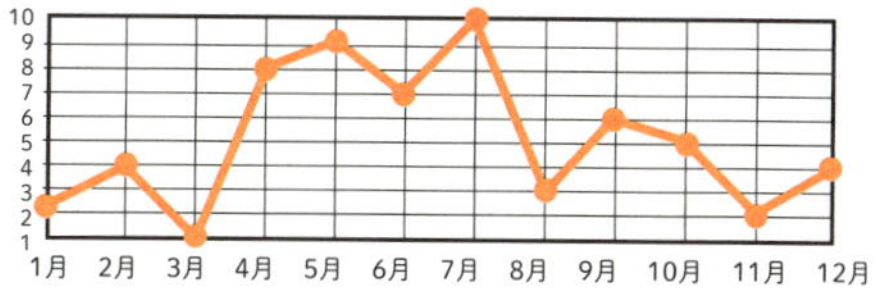

グラフの見方

❶22-27ページで割り出した60分類の動物をチェックして自分のリズムを知る。（200-201ｐ参照）
❷自分が何かを始めたい年など、運気を知りたい年のグラフを見る。
❸自分のリズムのなかで、気になる年の「トキ」をチェック。
❹縦軸の数値が高い月、低い月をチェック。月にも年と同様に「トキ」がある

6 ～ 10は好調期…完結・成果・投資・転換・学習
3 ～ 5は安定期…調整・活動・整理
1 ～ 2は低調期…焦燥・浪費

2025年

発芽期
活 動

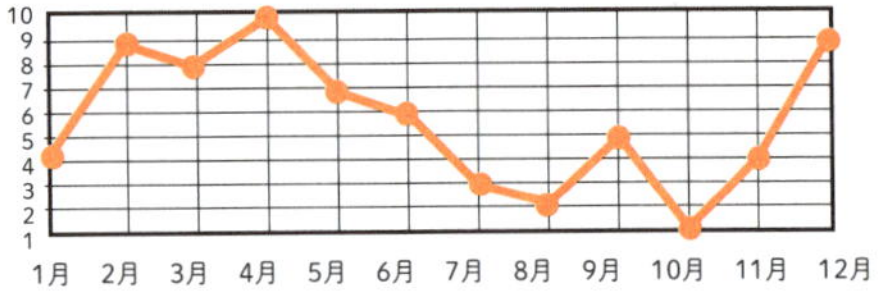

2026年

成長期
焦 燥

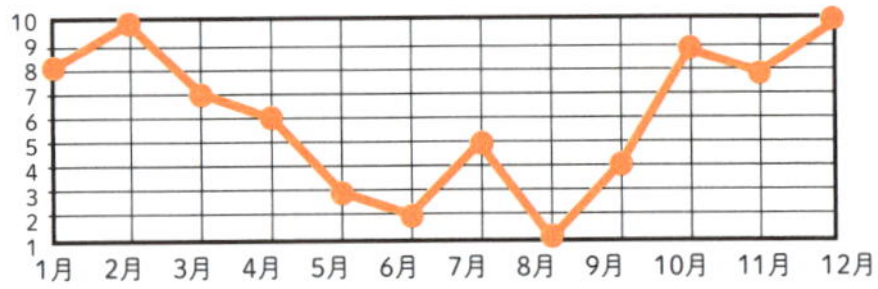

2027年

成長期
調 整

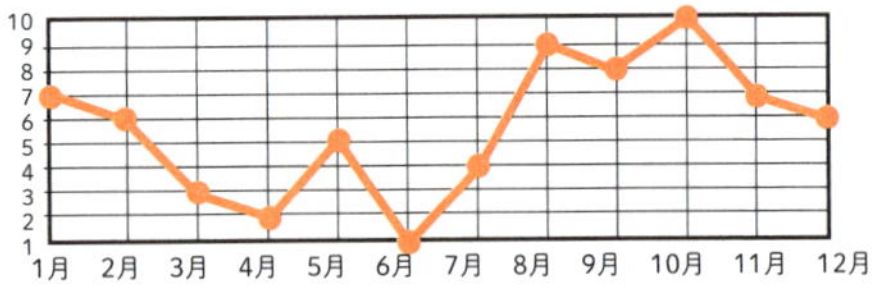

2028年

開花期
成 果

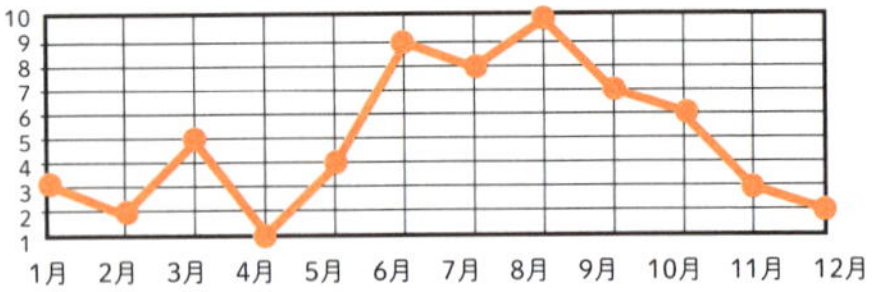

2029年

開花期
投 資

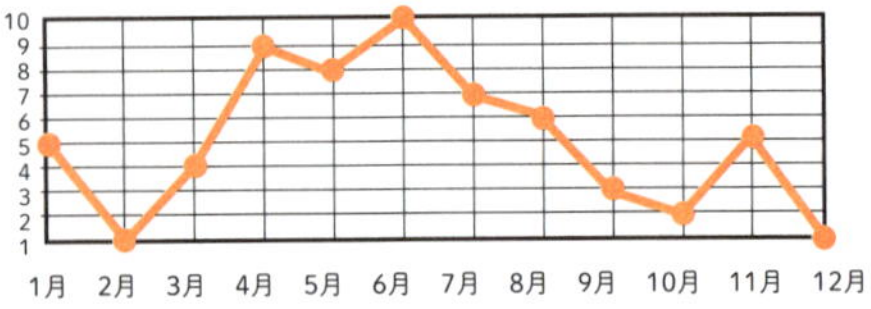

Grass

草花 トキのリズム

2 社交家のたぬき　12 人気者のゾウ　22 強靭な翼をもつペガサス
32 しっかり者のこじか　42 足腰の強いチータ　52 統率力のあるライオン

2020年
収穫期
完結

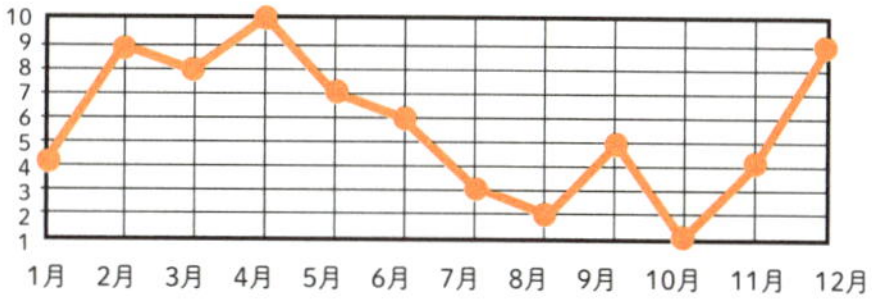

2021年
収穫期
転換

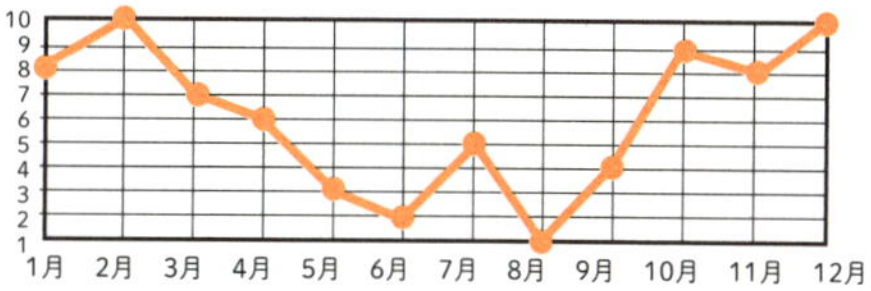

2022年
開墾期
学習

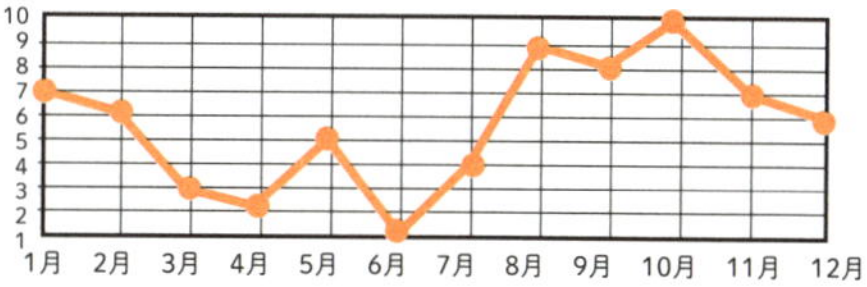

2023年
開墾期
整理

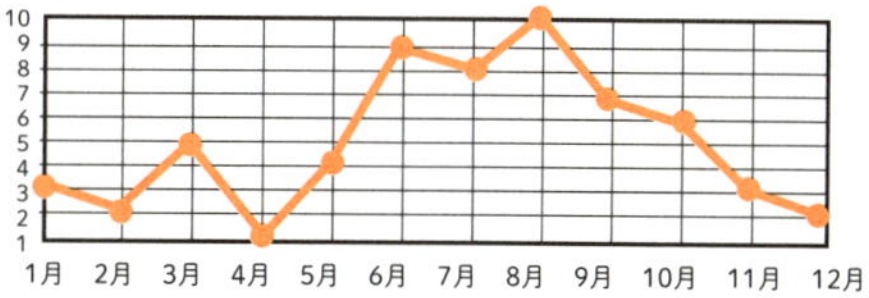

2024年
発芽期
浪費

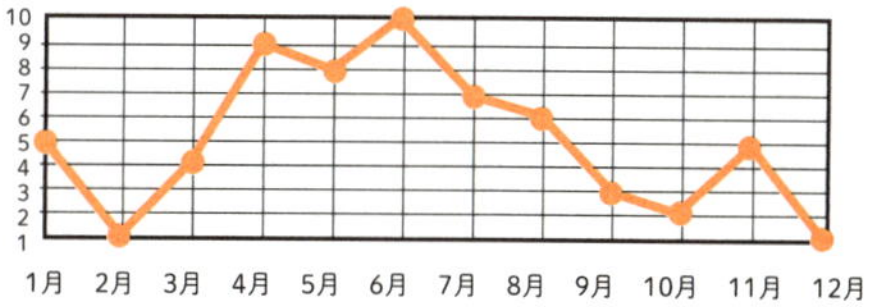

グラフの見方

❶22-27ページで割り出した60分類の動物をチェックして自分のリズムを知る。(200-201 p 参照)
❷自分が何かを始めたい年など、運気を知りたい年のグラフを見る。
❸自分のリズムのなかで、気になる年の「トキ」をチェック。
❹縦軸の数値が高い月、低い月をチェック。月にも年と同様に「トキ」がある

6 ～ 10は好調期…完結・成果・投資・転換・学習
3 ～ 5は安定期…調整・活動・整理
1 ～ 2は低調期…焦燥・浪費

2025年
開墾期
学習

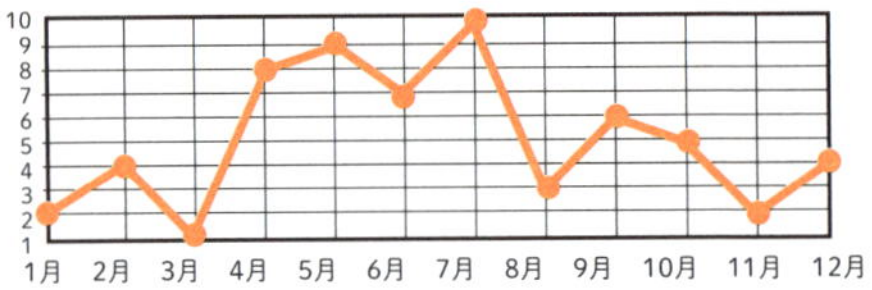

2026年
発芽期
活動

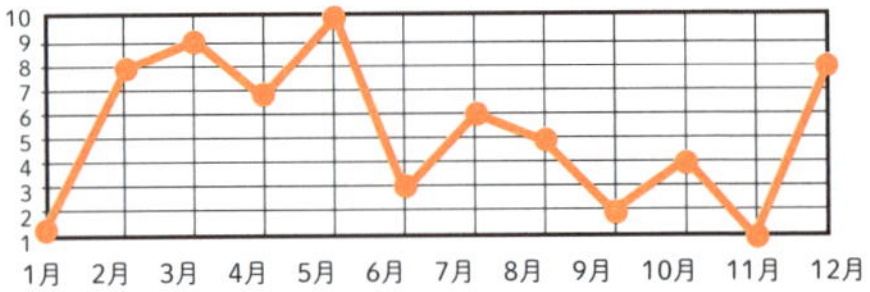

2027年
発芽期
浪費

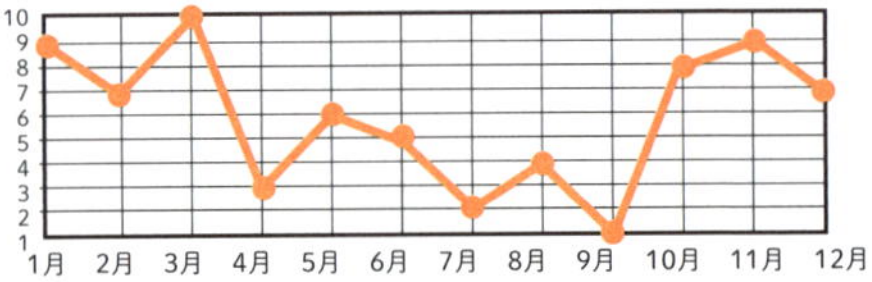

2028年
成長期
調整

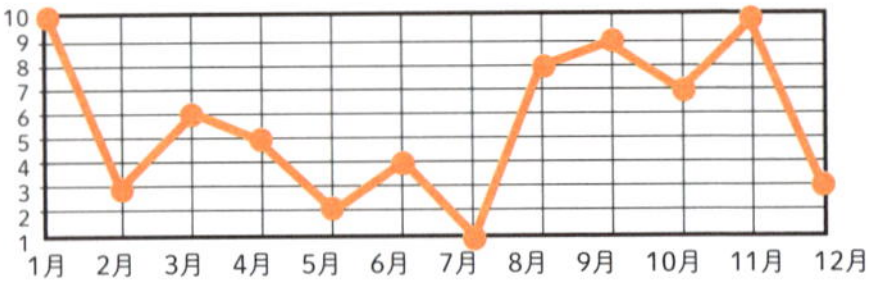

2029年
成長期
焦燥

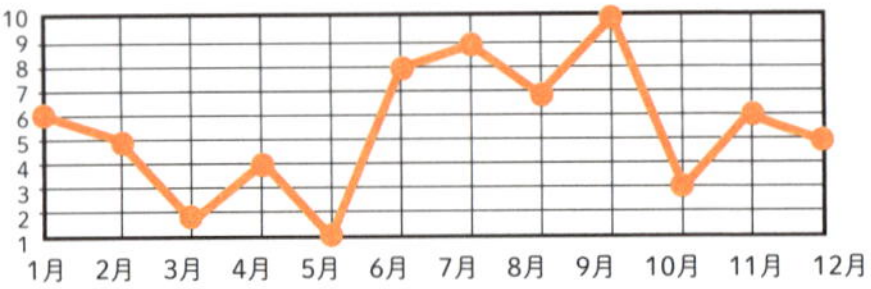

Sunshine

太陽 トキのリズム

3 落ち着きのない猿　13 ネアカの狼　23 無邪気なひつじ
33 活動的な子守熊《コアラ》　43 動きまわる虎　53 感情豊かな黒ひょう

2020年
開花期
投資

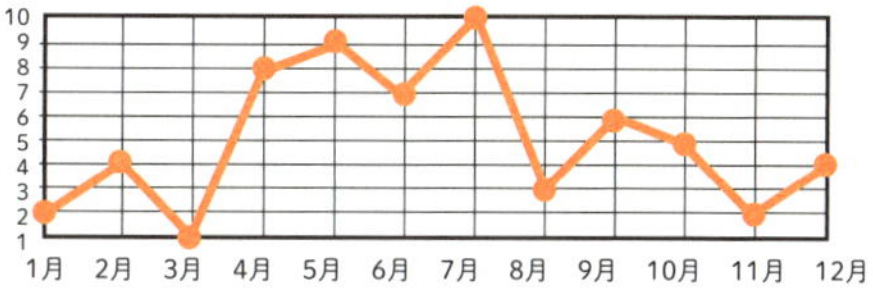

2021年
開花期
成果

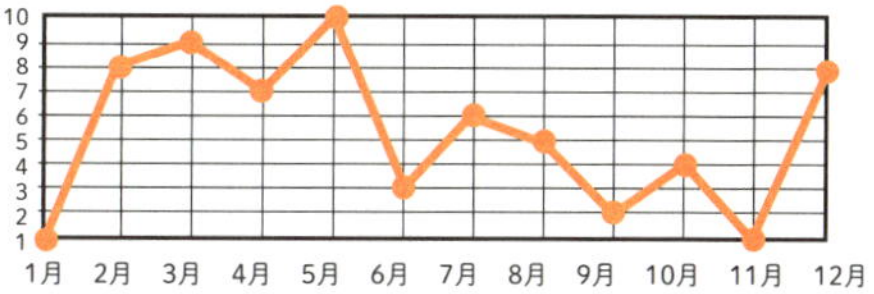

2022年
収穫期
転換

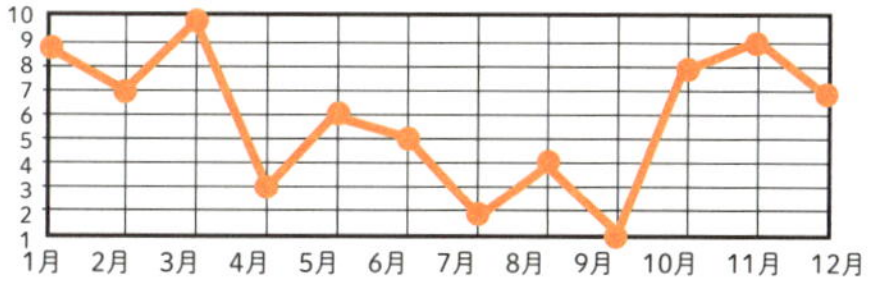

2023年
収穫期
完結

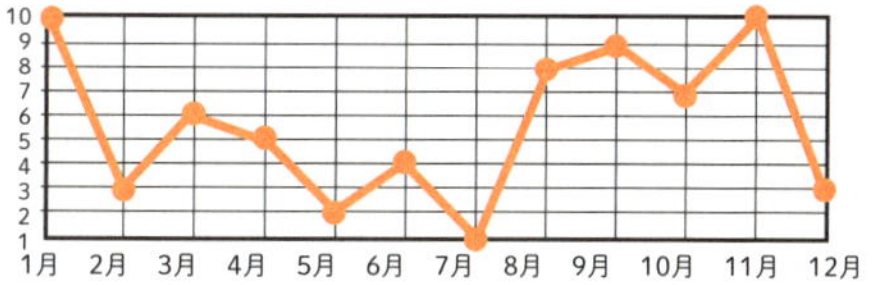

2024年
開墾期
整理

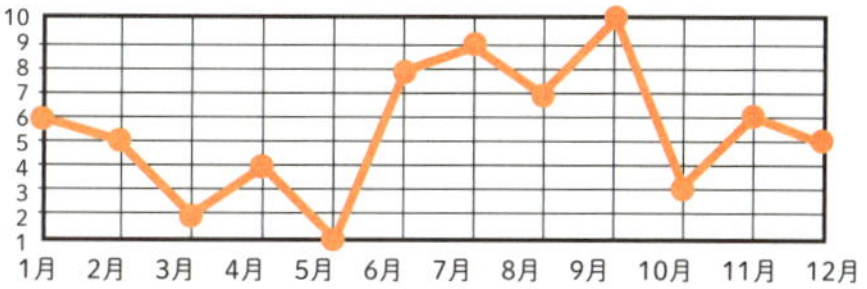

グラフの見方

❶22-27ページで割り出した60分類の動物をチェックして自分のリズムを知る。(200-201p参照)
❷自分が何かを始めたい年など、運気を知りたい年のグラフを見る。
❸自分のリズムのなかで、気になる年の「トキ」をチェック。
❹縦軸の数値が高い月、低い月をチェック。月にも年と同様に「トキ」がある

6 ～ 10は好調期…完結・成果・投資・転換・学習
3 ～ 5は安定期…調整・活動・整理
1 ～ 2は低調期…焦燥・浪費

2025年
開墾期
整 理

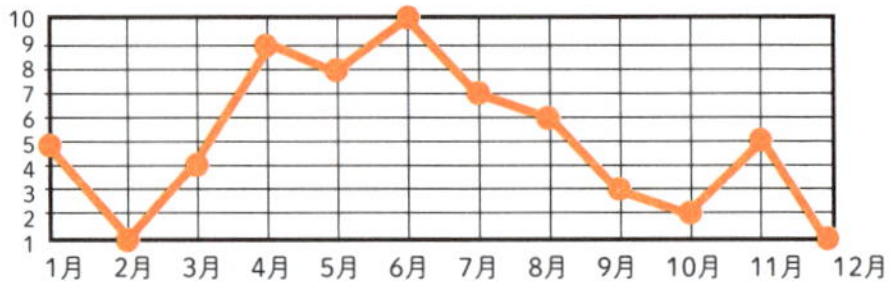

2026年
発芽期
浪 費

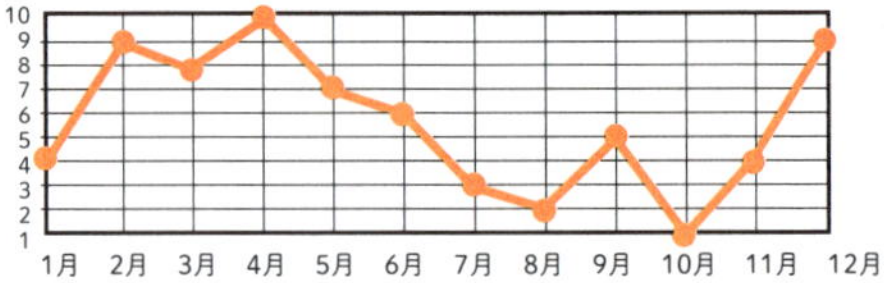

2027年
発芽期
活 動

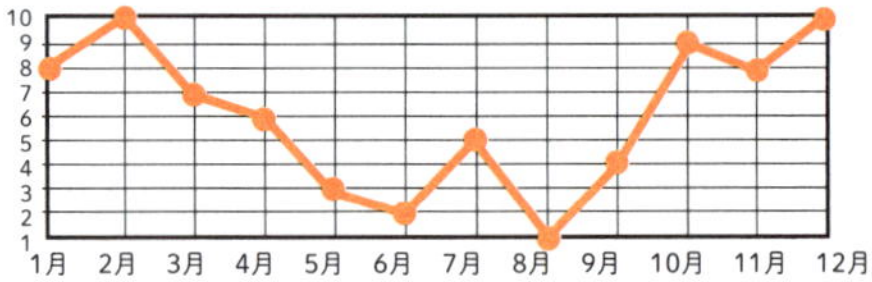

2028年
成長期
焦 燥

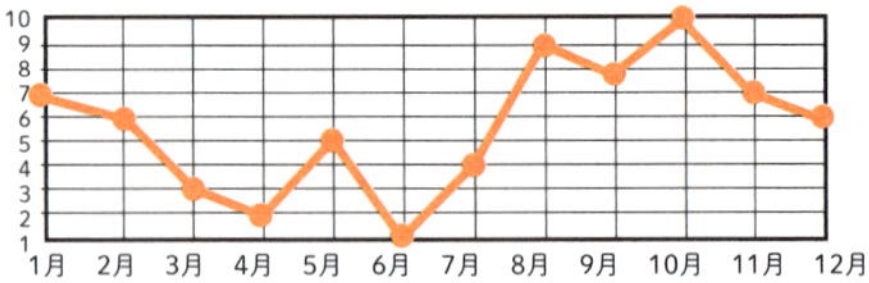

2029年
成長期
調 整

Candle light

灯火 トキのリズム

4 フットワークの軽い子守熊《コアラ》 14 協調性のないひつじ 24 クリエイティブな狼
34 気分屋の猿 44 情熱的な黒ひょう 54 楽天的な虎

2020年
開花期
成果

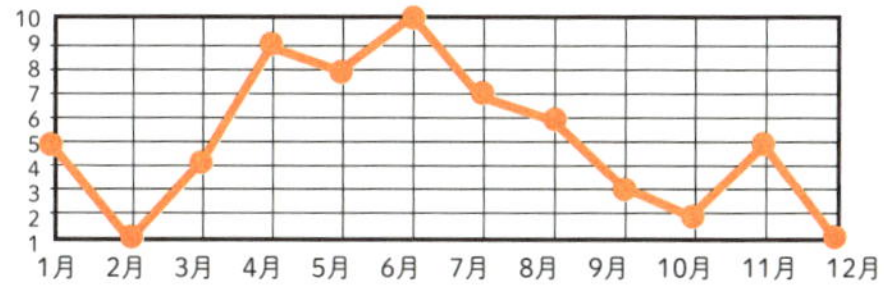

2021年
開花期
投資

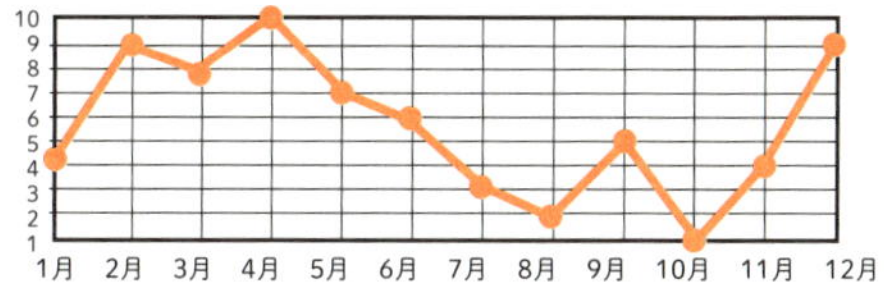

2022年
収穫期
完結

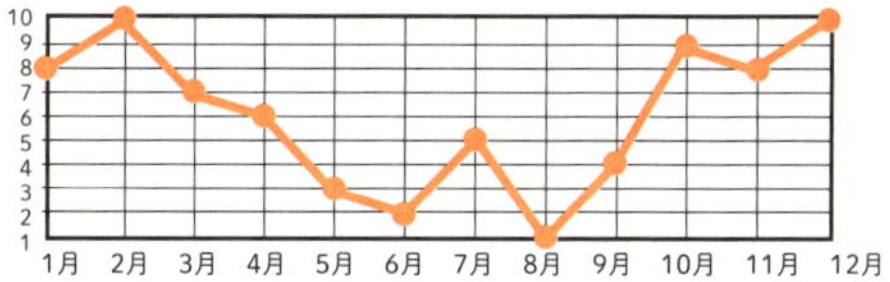

2023年
収穫期
転換

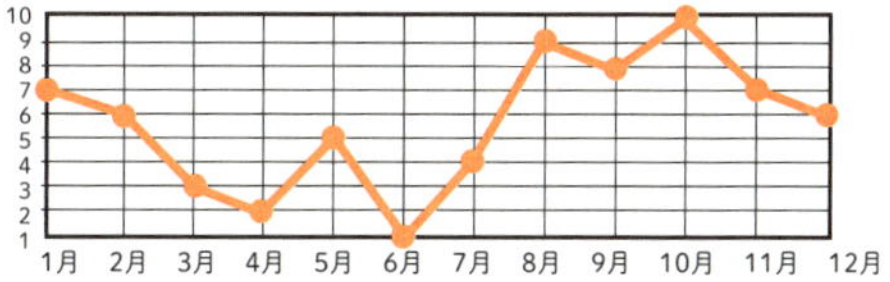

2024年
開墾期
学習

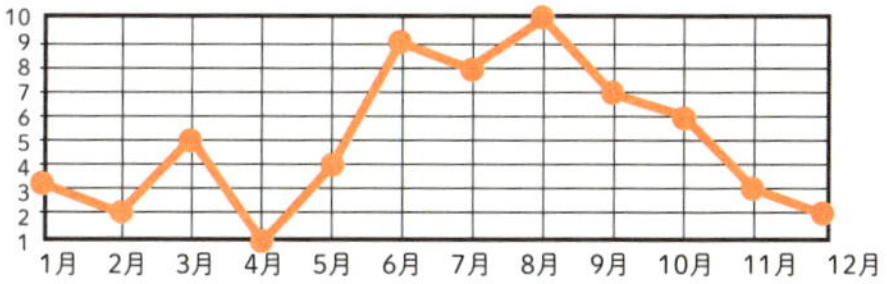

グラフの見方

❶22-27ページで割り出した60分類の動物をチェックして自分のリズムを知る。(200-201ｐ参照)
❷自分が何かを始めたい年など、運気を知りたい年のグラフを見る。
❸自分のリズムのなかで、気になる年の「トキ」をチェック。
❹縦軸の数値が高い月、低い月をチェック。月にも年と同様に「トキ」がある

6 ～ 10は好調期…完結・成果・投資・転換・学習
3 ～ 5は安定期…調整・活動・整理
1 ～ 2は低調期…焦燥・浪費

2025年

収穫期
完結

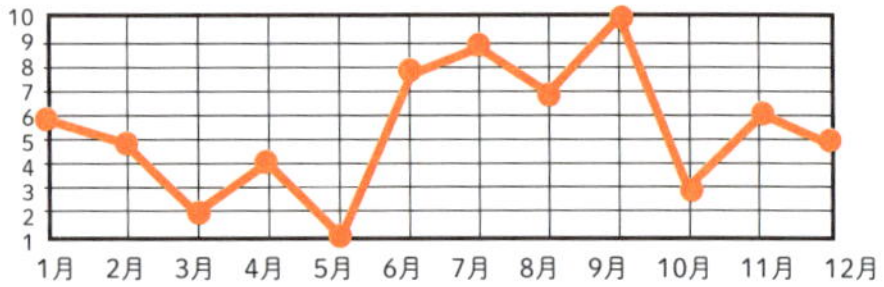

2026年

開墾期
整理

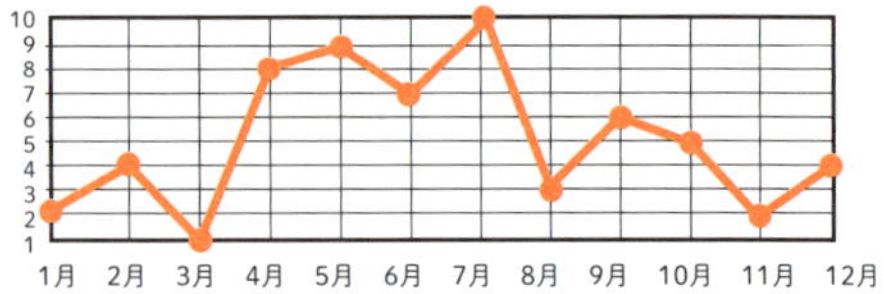

2027年

開墾期
学習

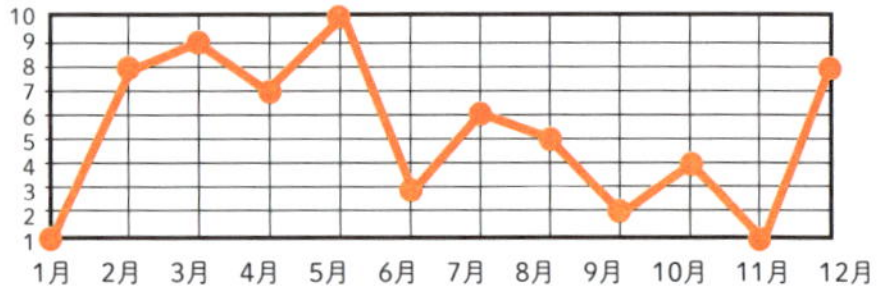

2028年

発芽期
活動

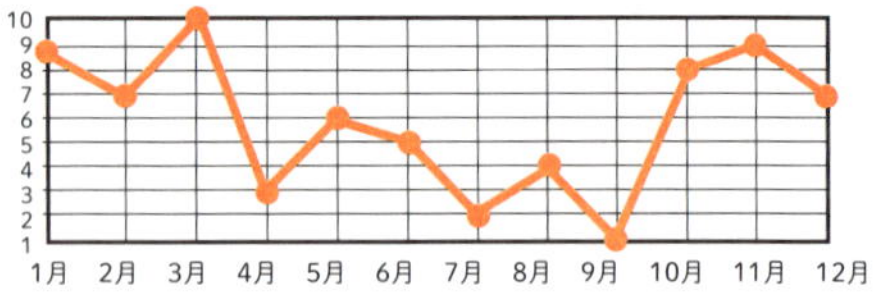

2029年

発芽期
浪費

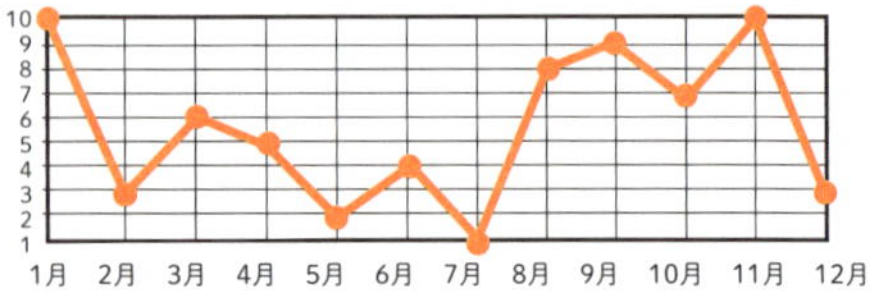

Mountain
山岳 トキのリズム

5 面倒見のいい黒ひょう　15 どっしりとした猿　25 穏やかな狼
35 頼られると嬉しいひつじ　45 サービス精神旺盛な子守熊《コアラ》　55 パワフルな虎

2020年
成長期
調整

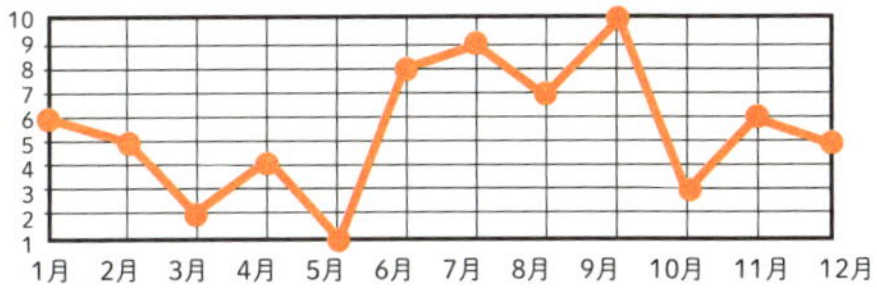

2021年
成長期
焦燥

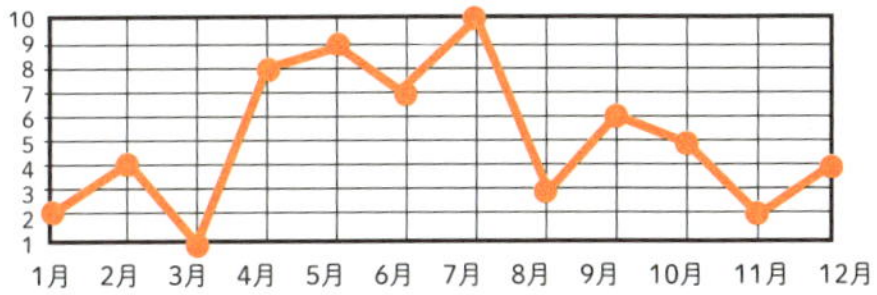

2022年
開花期
投資

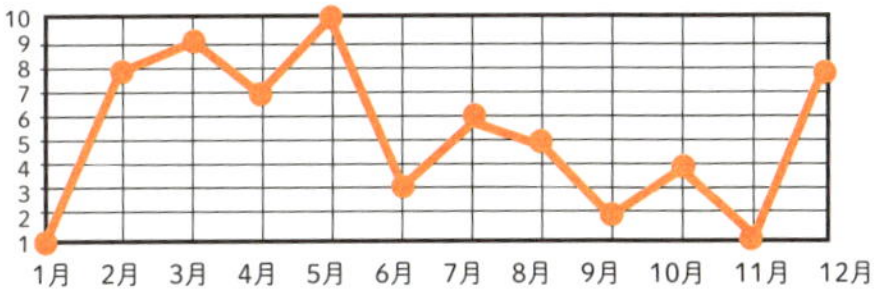

2023年
開花期
成果

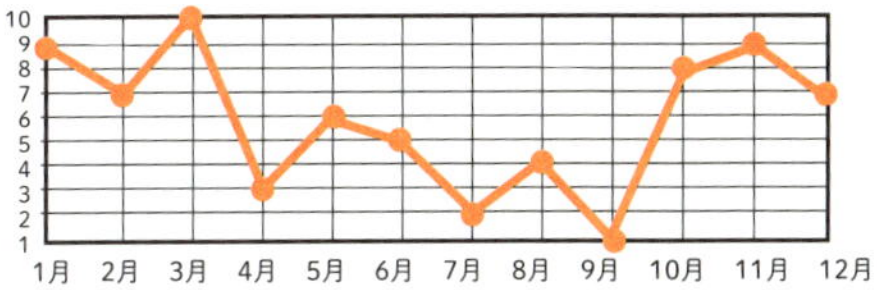

2024年
収穫期
転換

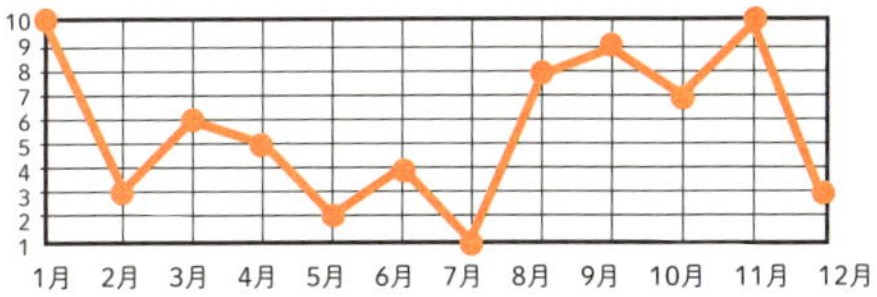

グラフの見方

❶ 22-27ページで割り出した60分類の動物をチェックして自分のリズムを知る。(200-201 p参照)
❷ 自分が何かを始めたい年など、運気を知りたい年のグラフを見る。
❸ 自分のリズムのなかで、気になる年の「トキ」をチェック。
❹ 縦軸の数値が高い月、低い月をチェック。月にも年と同様に「トキ」がある

6 ～ 10は好調期…完結・成果・投資・転換・学習
3 ～ 5は安定期…調整・活動・整理
1 ～ 2は低調期…焦燥・浪費

2025年

収穫期

転換

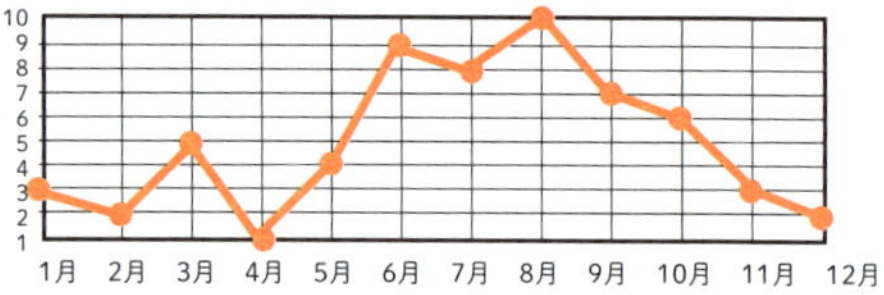

2026年

開墾期

学習

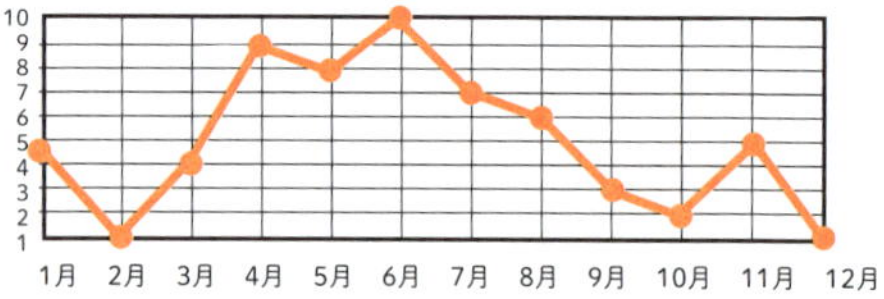

2027年

開墾期

整理

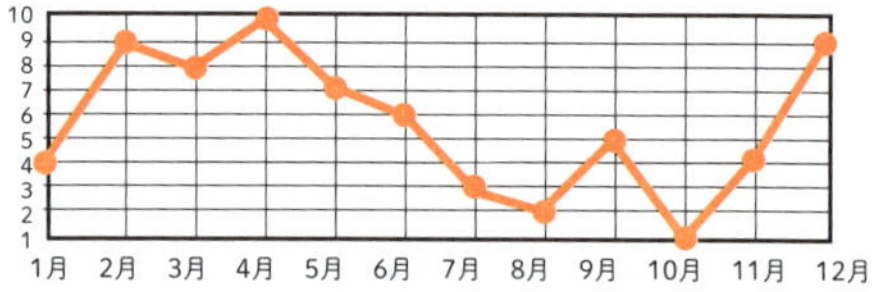

2028年

発芽期

浪費

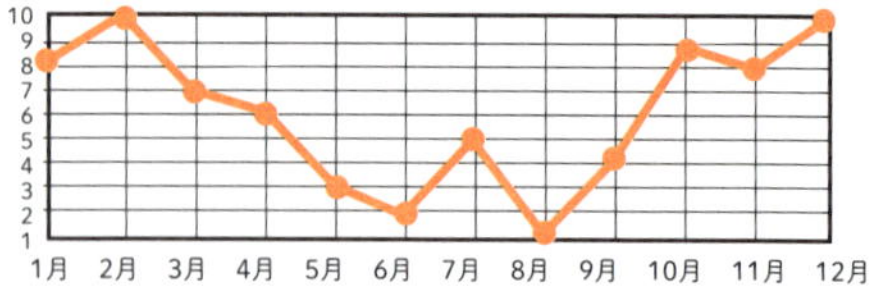

2029年

発芽期

活動

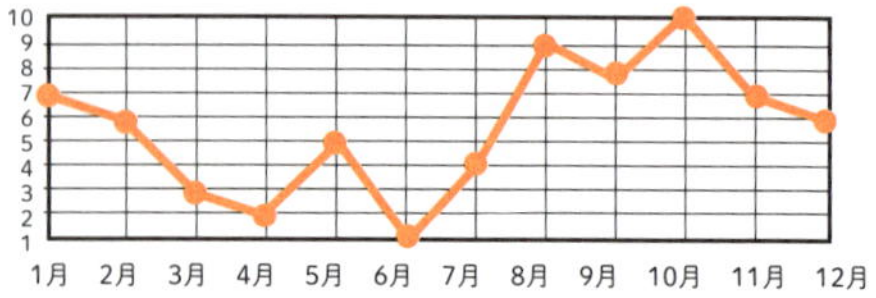

Field

大地 トキのリズム

6 愛情あふれる虎　16 コアラのなかの子守熊《コアラ》　26 粘り強いひつじ
36 好感のもたれる狼　46 守りの猿　56 気どらない黒ひょう

2020年
成長期
焦燥

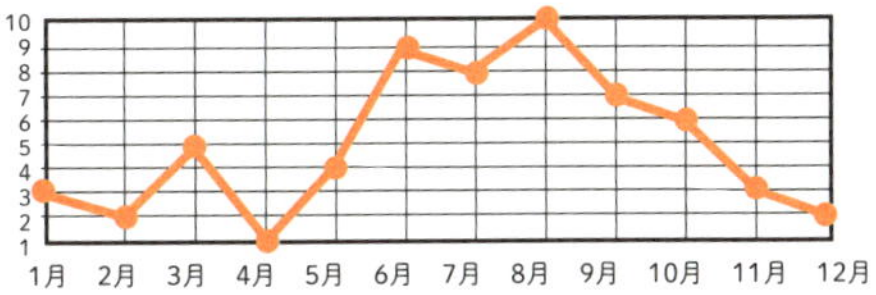

2021年
成長期
調整

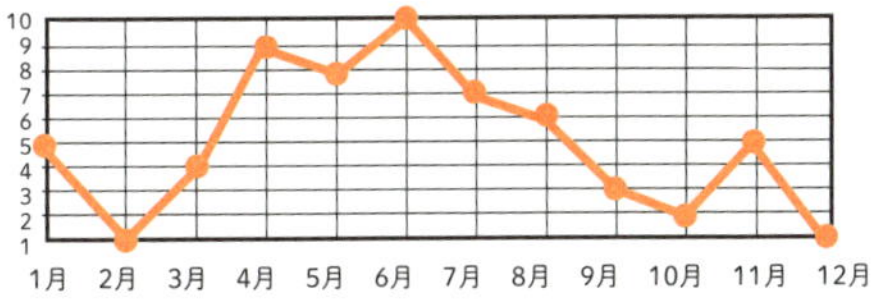

2022年
開花期
成果

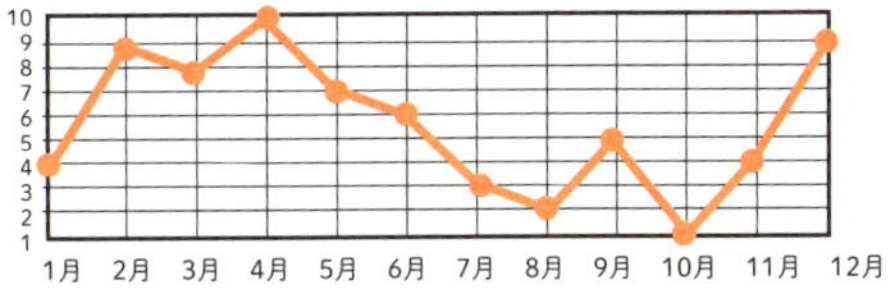

2023年
開花期
投資

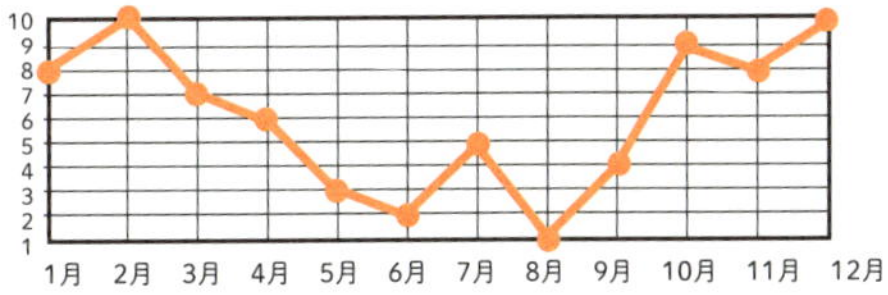

2024年
収穫期
完結

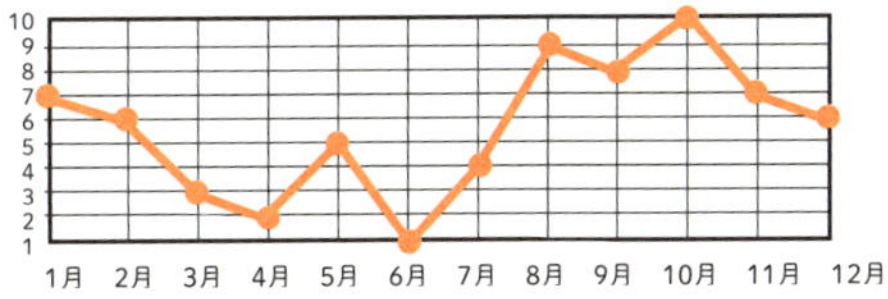

グラフの見方

❶22-27ページで割り出した60分類の動物をチェックして自分のリズムを知る。(200-201 p 参照)
❷自分が何かを始めたい年など、運気を知りたい年のグラフを見る。
❸自分のリズムのなかで、気になる年の「トキ」をチェック。
❹縦軸の数値が高い月、低い月をチェック。月にも年と同様に「トキ」がある

6 ～ 10は好調期…完結・成果・投資・転換・学習
3 ～ 5は安定期…調整・活動・整理
1 ～ 2は低調期…焦燥・浪費

2025年

開花期
成果

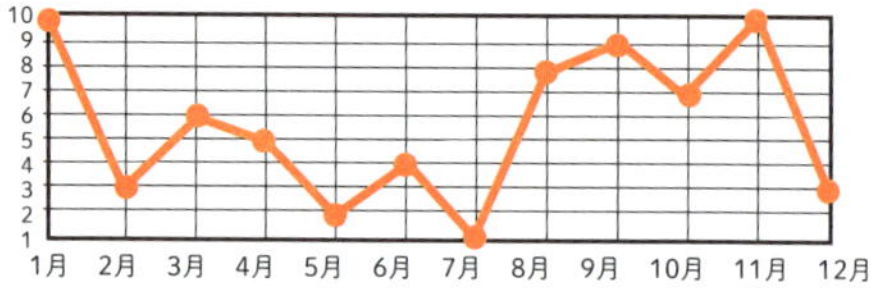

2026年

収穫期
転換

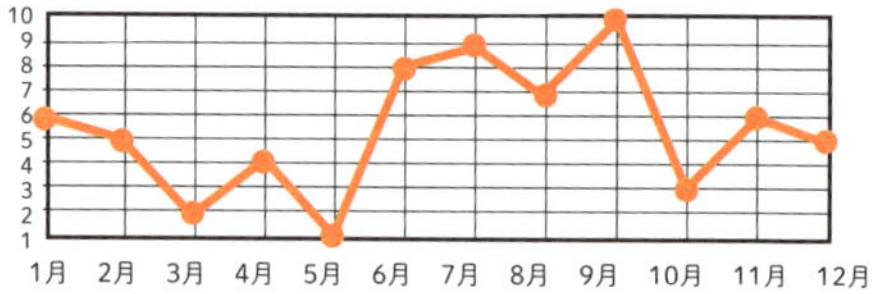

2027年

収穫期
完結

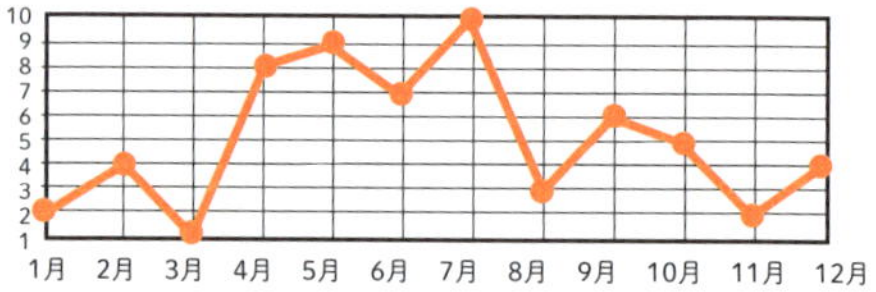

2028年

開墾期
整理

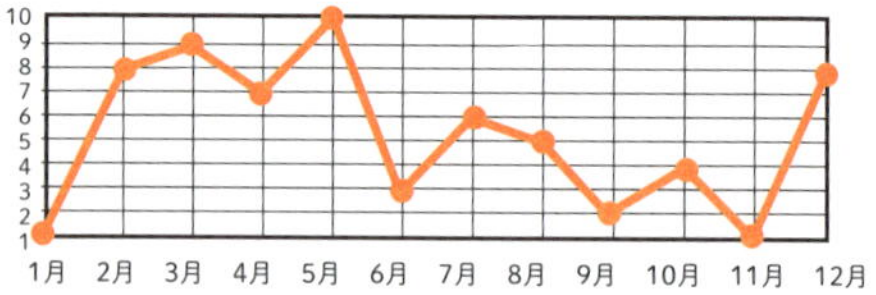

2029年

開墾期
学習

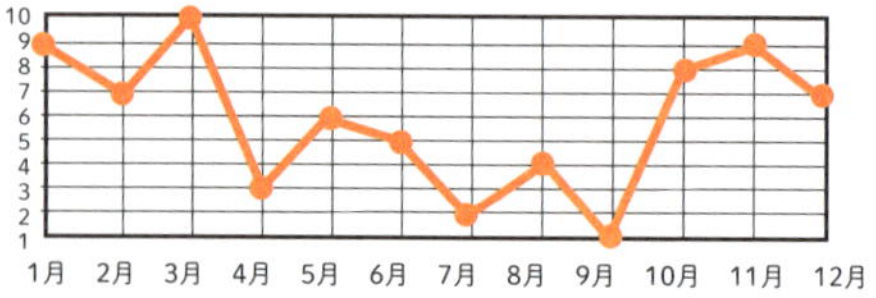

Metal

鉱脈 トキのリズム

7 全力疾走するチータ 17 強い意志をもったこじか 27 波乱に満ちたペガサス
37 まっしぐらに突き進むゾウ 47 人間味あふれるたぬき 57 感情的なライオン

2020年

発芽期
活動

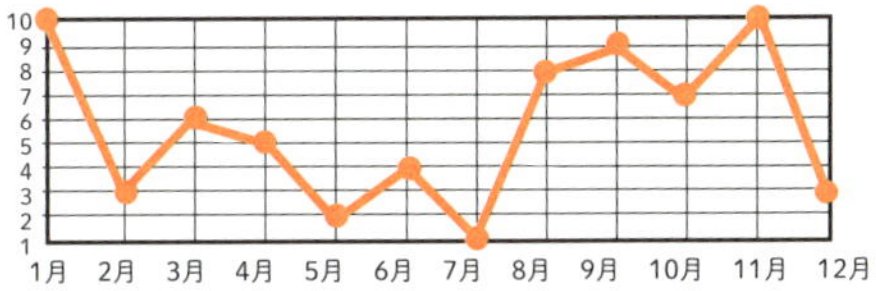

2021年

発芽期
浪費

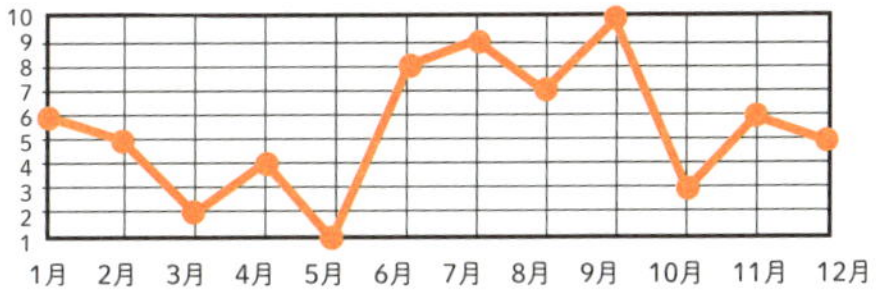

2022年

成長期
調整

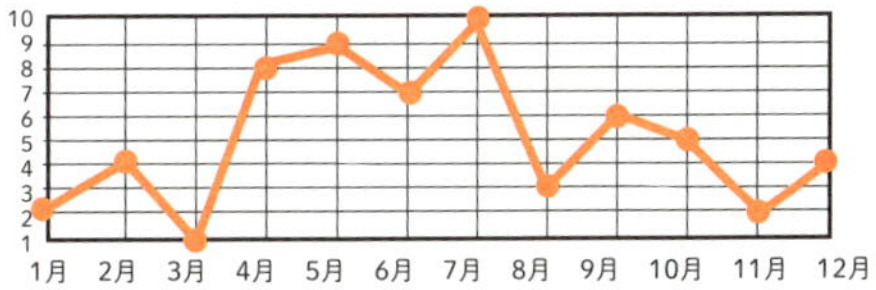

2023年

成長期
焦燥

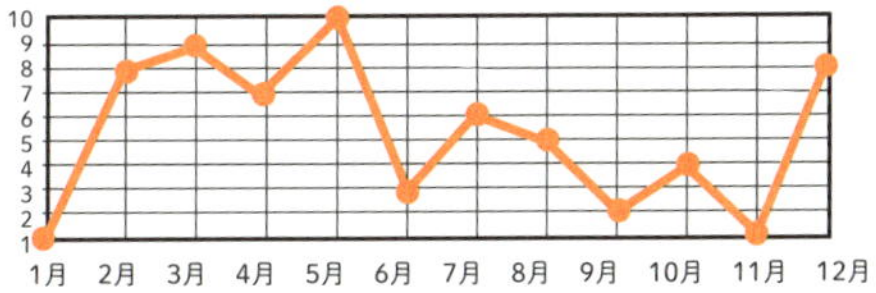

2024年

開花期
投資

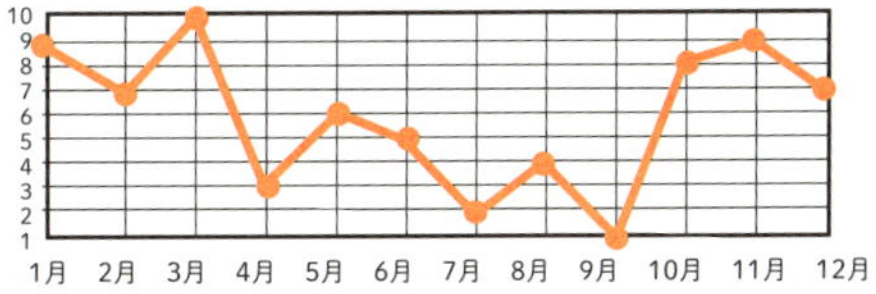

グラフの見方

❶22-27ページで割り出した60分類の動物をチェックして自分のリズムを知る。(200-201ｐ参照)
❷自分が何かを始めたい年など、運気を知りたい年のグラフを見る。
❸自分のリズムのなかで、気になる年の「トキ」をチェック。
❹縦軸の数値が高い月、低い月をチェック。月にも年と同様に「トキ」がある

6 ～ 10は好調期…完結・成果・投資・転換・学習
3 ～ 5は安定期…調整・活動・整理
1 ～ 2は低調期…焦燥・浪費

2025年
開花期
投資

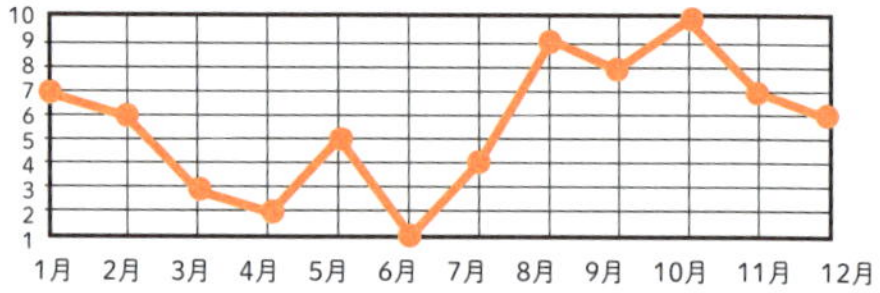

2026年
収穫期
完結

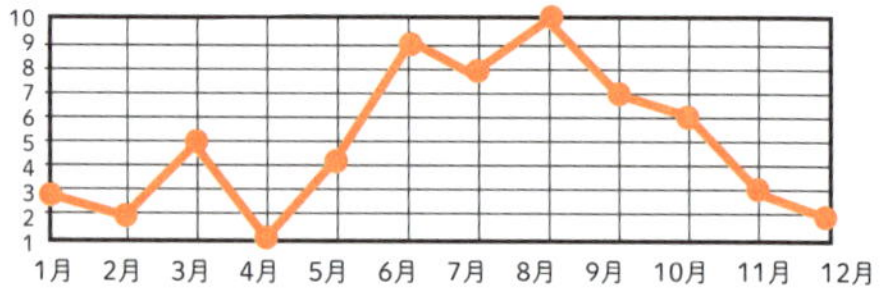

2027年
収穫期
転換

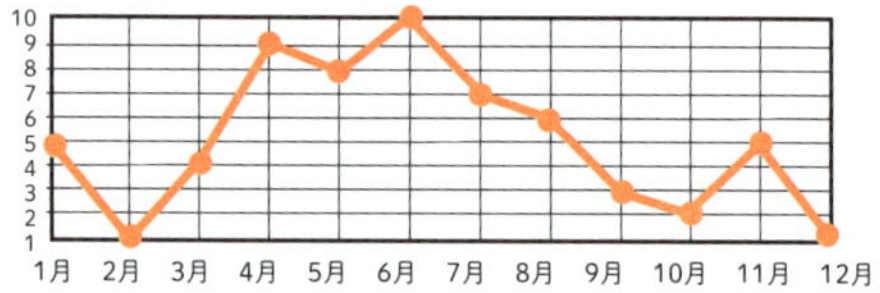

2028年
開墾期
学習

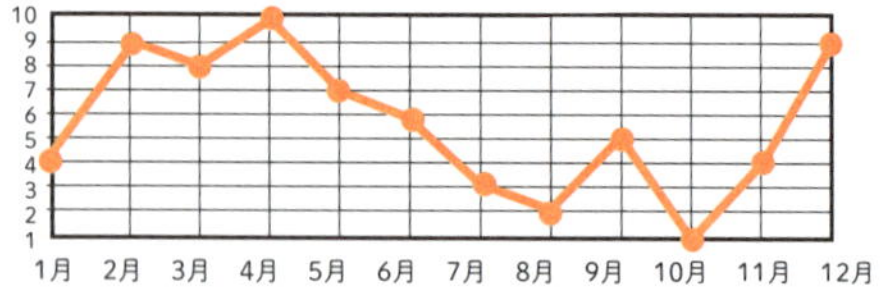

2029年
開墾期
整理

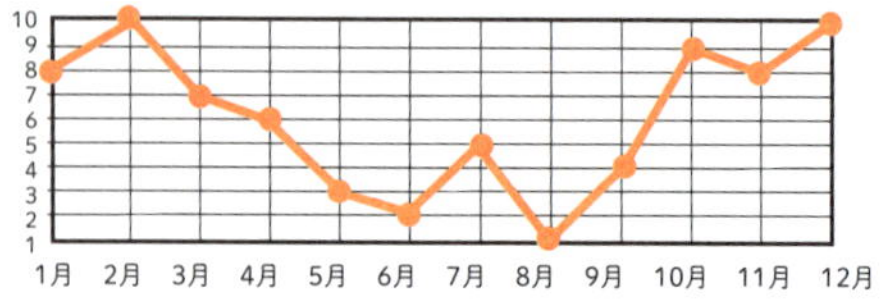

Jewelry
宝石 トキのリズム

8 磨き上げられたたぬき　18 デリケートなゾウ　28 優雅なペガサス
38 華やかなこじか　48 品格のあるチータ　58 傷つきやすいライオン

2020年
発芽期
浪費

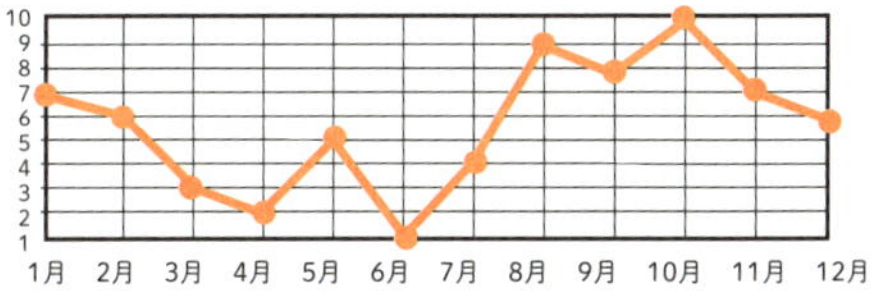

2021年
発芽期
活動

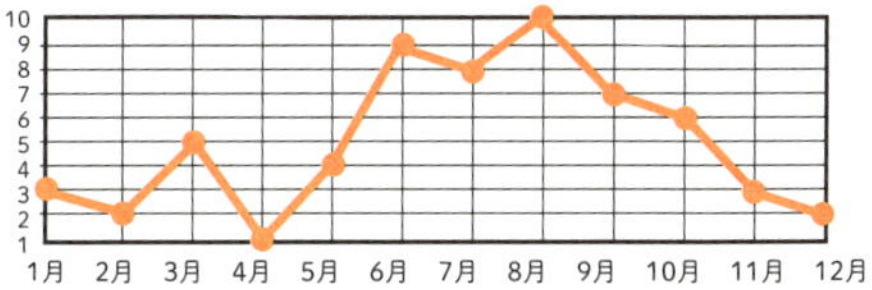

2022年
成長期
焦燥

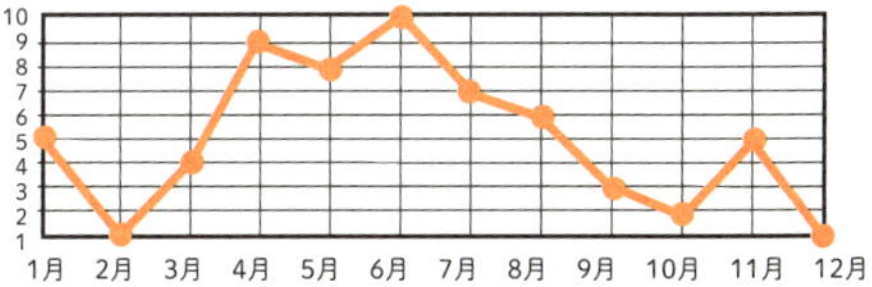

2023年
成長期
調整

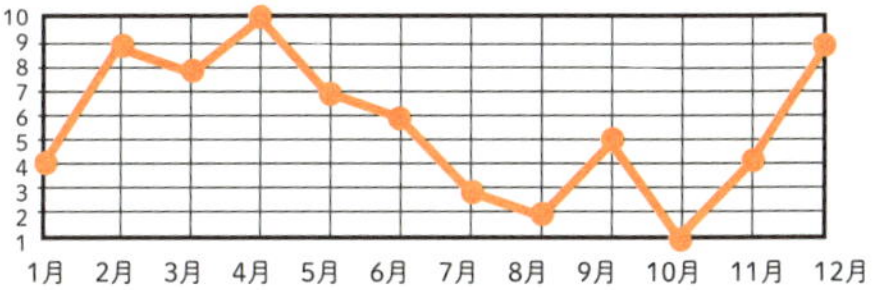

2024年
開花期
成果

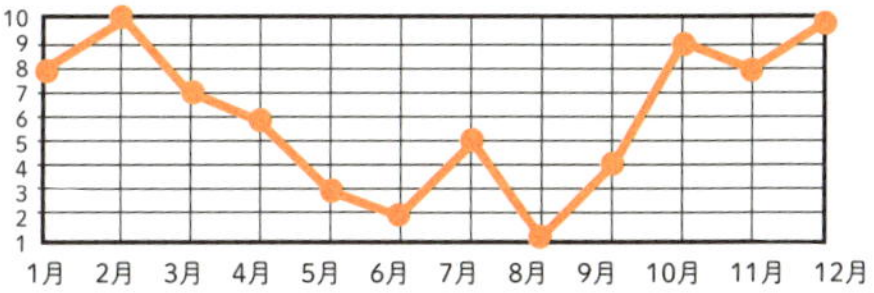

グラフの見方

❶22-27ページで割り出した60分類の動物をチェックして自分のリズムを知る。(200-201 p 参照)
❷自分が何かを始めたい年など、運気を知りたい年のグラフを見る。
❸自分のリズムのなかで、気になる年の「トキ」をチェック。
❹縦軸の数値が高い月、低い月をチェック。月にも年と同様に「トキ」がある

6 ～ 10は好調期…完結・成果・投資・転換・学習
3 ～ 5は安定期…調整・活動・整理
1 ～ 2は低調期…焦燥・浪費

2025年
成長期
焦燥

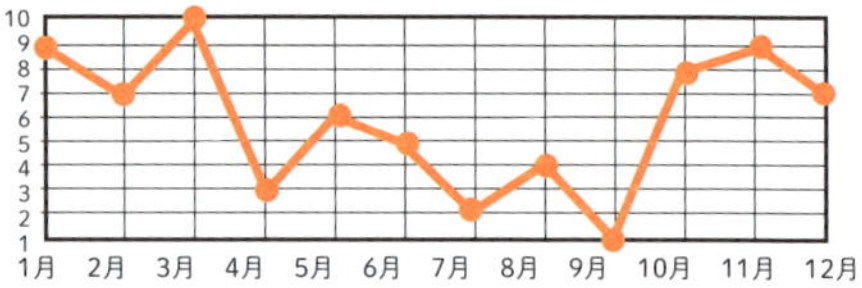

2026年
開花期
投資

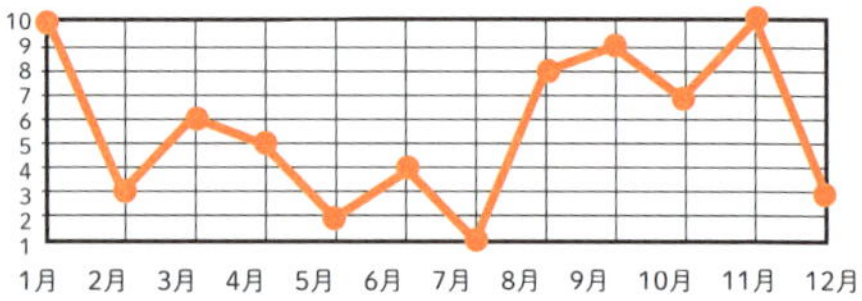

2027年
開花期
成果

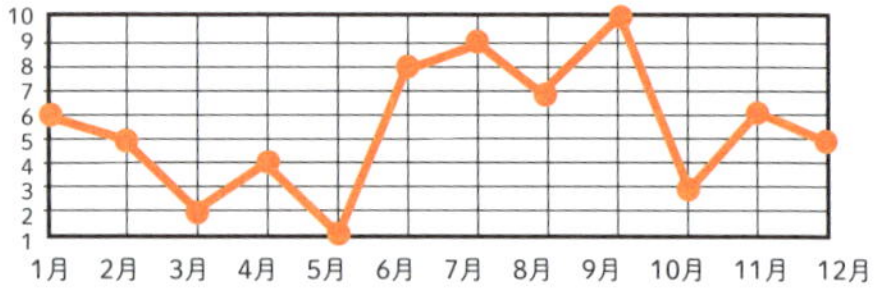

2028年
収穫期
転換

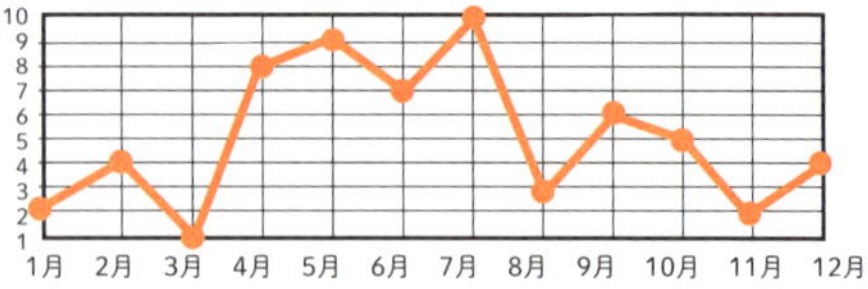

2029年
収穫期
完結

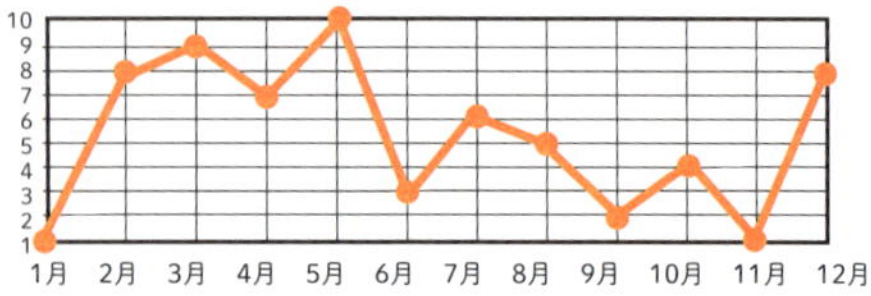

Ocean

海洋 トキのリズム

9 大きな志をもった猿　19 放浪の狼　29 チャレンジ精神の旺盛なひつじ
39 夢とロマンの子守熊《コアラ》　49 ゆったりとした悠然の虎　59 束縛を嫌う黒ひょう

2020年
開墾期
整理

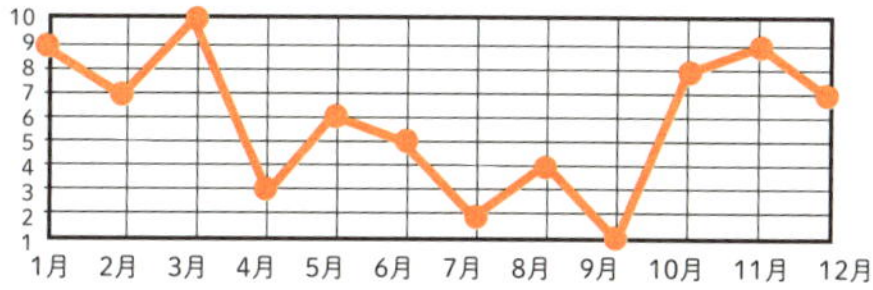

2021年
開墾期
学習

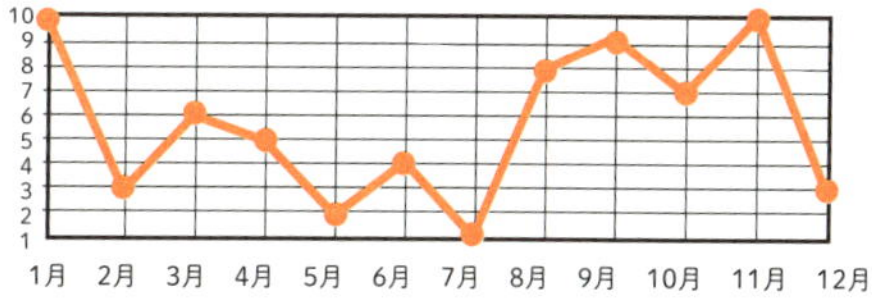

2022年
発芽期
活動

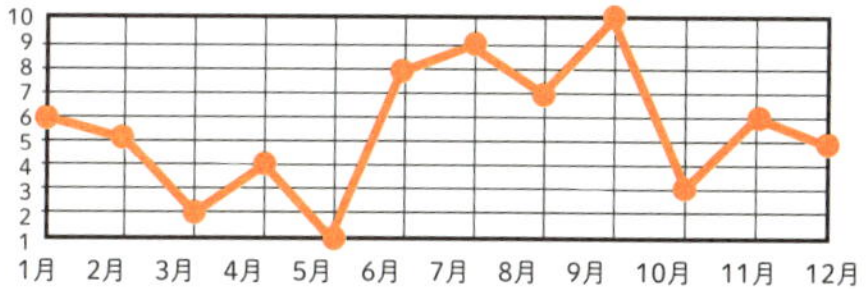

2023年
発芽期
浪費

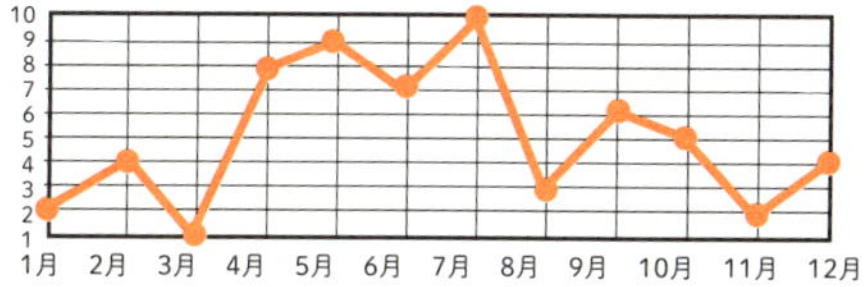

2024年
成長期
調整

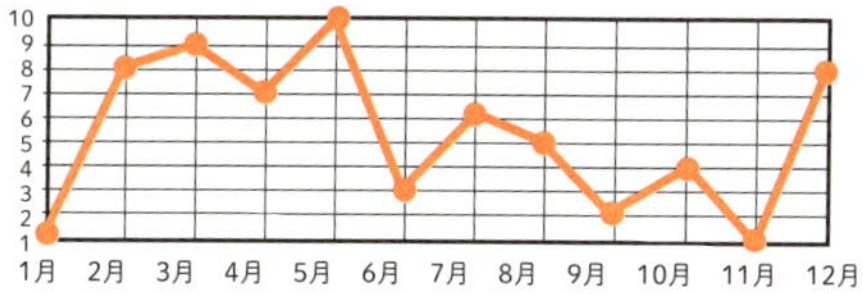

グラフの見方

❶22-27ページで割り出した60分類の動物をチェックして自分のリズムを知る。(200-201p参照)
❷自分が何かを始めたい年など、運気を知りたい年のグラフを見る。
❸自分のリズムのなかで、気になる年の「トキ」をチェック。
❹縦軸の数値が高い月、低い月をチェック。月にも年と同様に「トキ」がある

6 ～ 10は好調期…完結・成果・投資・転換・学習
3 ～ 5は安定期…調整・活動・整理
1 ～ 2は低調期…焦燥・浪費

2025年
成長期
調整

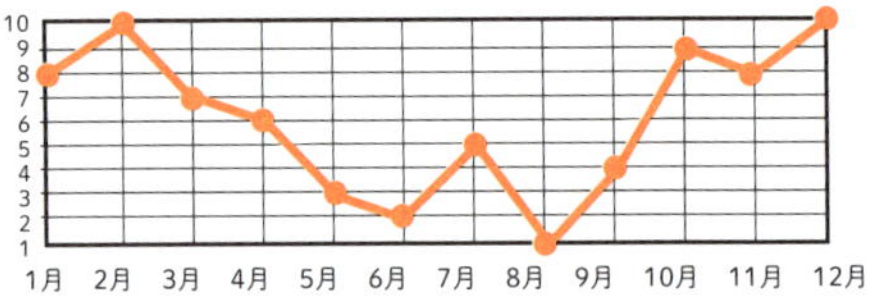

2026年
開花期
成果

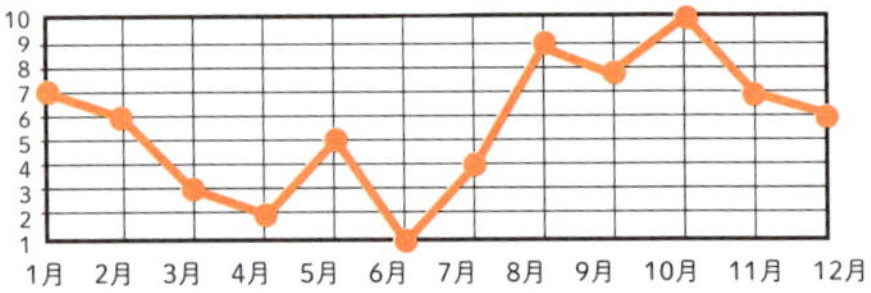

2027年
開花期
投資

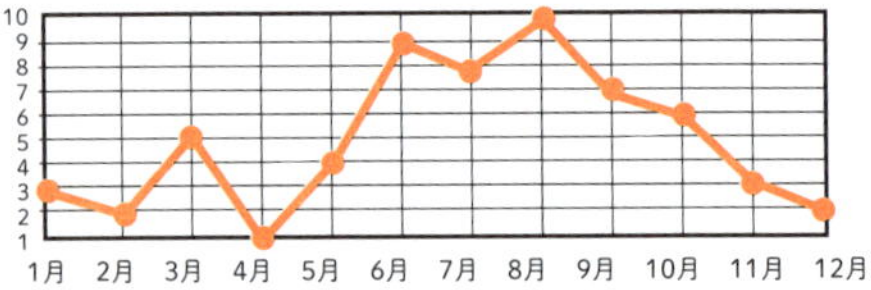

2028年
収穫期
完結

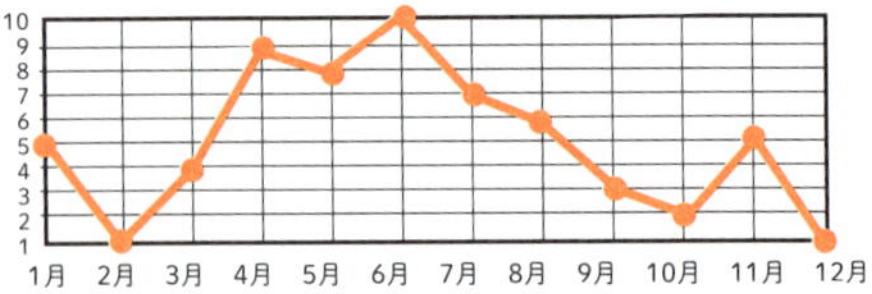

2029年
収穫期
転換

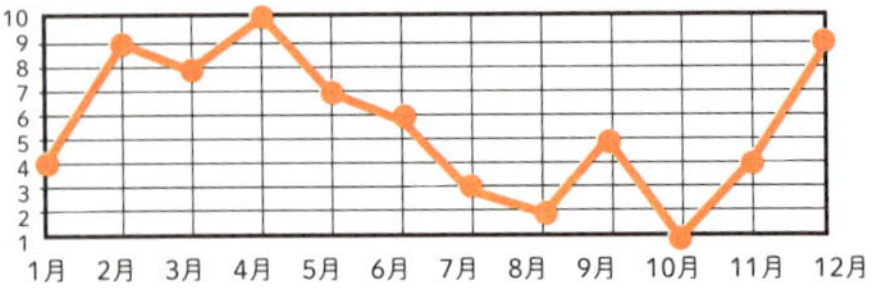

Rain drop
雨露 トキのリズム

10 母性豊かな子守熊《コアラ》 20 物静かなひつじ 30 順応性のある狼
40 尽くす猿 50 落ち込みの激しい黒ひょう 60 慈悲深い虎

2020年
開墾期
学習

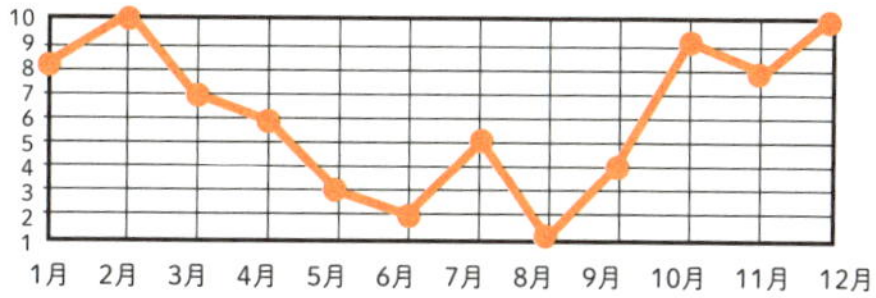

2021年
開墾期
整理

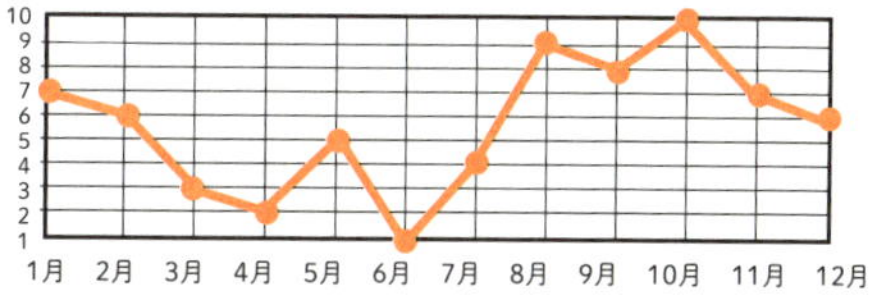

2022年
発芽期
浪費

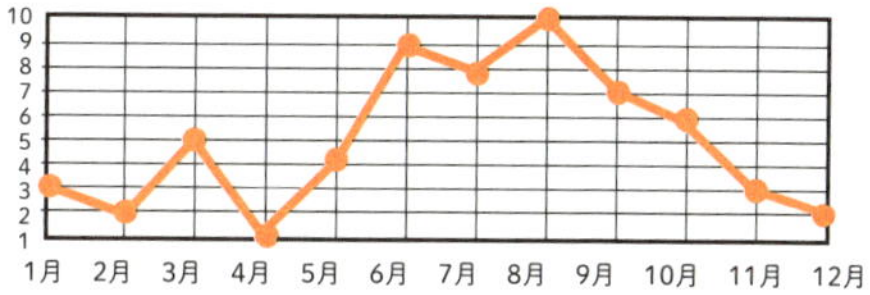

2023年
発芽期
活動

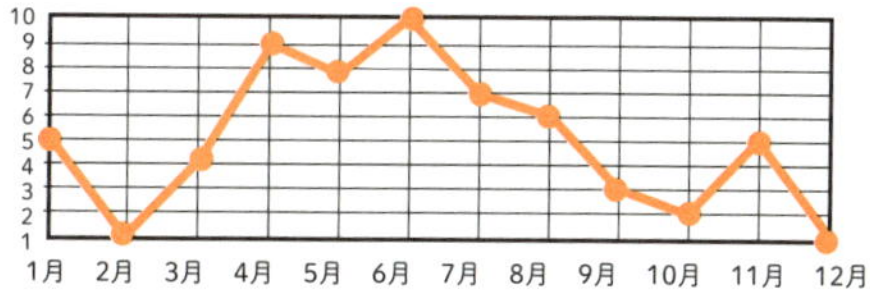

2024年
成長期
焦燥

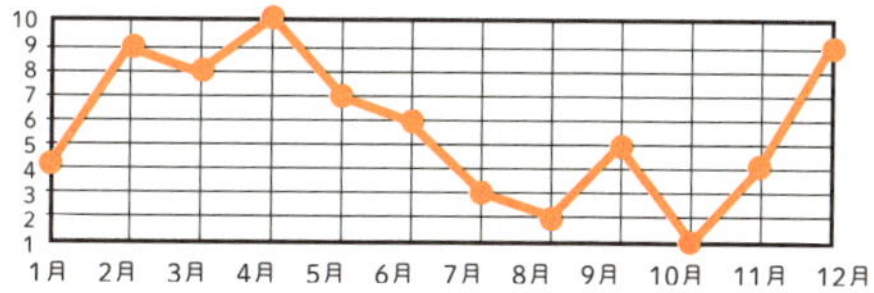

COLUMN 3

「転換のトキに送ったDMで顧客の購買欲がアップしました」――協和

美容系のサプリメントを販売し、「プラセンタ」などで売り上げ日本一の協和では、顧客向け販促ツールとして、キャラナビ手帳を個性の「運気別」に 10 パターン＋1 冊製作して配布しました。

これ以外にも協和ではユニークな取り組みをしています。

ひとつめは個性に合わせたキャンペーンの実施です。

これは 3 分類の MOON に向けてだけ、「お友達紹介キャンペーン」を実施しています。なぜなら、MOON 以外の EARTH や SUN の特徴は「友達を紹介しない」。それだから、送っても意味がないのです。

これまでは「友達紹介キャンペーン」を実施してもあまり反響がなかったのですが、NOOM だけに限定することで、従来にない反響が得られているようです。

2つ目は運気に合わせた、DM の送付です。

1度購入してくれたことがあるけれど、その後、購入履歴がない休眠顧客に対して、「転換」の月に合わせて DM を送っています。

「転換」のトキは「変身願望」をくすぐるので、その時期を狙い、再度購入を続けてもらうためです。「転換」は、美に対する意識が高まるトキで、「自分を変えてみたい」という気持ちになるトキでもあるのです。そんな時に DM が届いたら、購買意欲は増すばかりです。

他にも個性に合わせたキャッチコピーを作ったりして、スタッフ研修でも利用しています。

「大樹」「草花」「太陽」「灯火」「山岳」「大地」「鉱脈」「宝石」「海洋」「雨露」ごとに手帳の色が分かれていて、自分はどういう「トキ」なのかが一目でわかる。生年月日がわからない顧客には、一般用の手帳を配布する心配り。

付録

恋愛を勝ち抜く「スーパー相性ナビ」60分類キャラクターとリズム、MOON・EARTH・SUN対応表

気になる相手との相性がわかる！「スーパー相性ナビ」の見方

動物キャラナビには12分類の動物キャラがいて、さらに細分化して60分類の動物キャラがいます。60動物キャラクターには、それぞれナンバーが付いています（26～27ページ）。あなたの動物キャラの番号は何番でしょう？

これはそれぞれの本質である個性がわかるだけではなく、キャラ同士の相性がわかるのです。

２４８ページの最上段①、つまり男性の「❶長距離ランナーのチータ」を縦に見ていってください。

【最高の関係】……相性度１００＝㉖粘り強いひつじ

32、38、44、50、56、62、68、74、80、86、92、98ページで紹介した「ホワイトエンジェル」にあたります。

身も心もピッタリでメロメロになってしまうベストパートナーですから、恋愛・結婚ともに最高の相手です。気も合うし、ＳＥＸの相性も抜群です。ケンカをしてもすぐ元の仲に戻り、切っても切れず、末永く離れられない関係となるのです。

【最悪な関係】……相性度１＝56気取らない黒ひょう

「ホワイトエンジェル」と同ページで紹介した「ブラックデビル」です。何を言っても通じないし、すべてが裏目に出るので、避けたほうがいいキャラです。

でも実は「ブラックデビル」とはＳＥＸの相性は抜群なのです。別れたくてもなかなか別れられないカップルは、相手が「ブラックデビル」である可能性大なのです。

ちなみに結婚するには相性度45～65くらいが適当です。性格の相性もソコソコ、ＳＥＸの相性もソコソコ。ケンカもしますが、それなりに刺激もあって楽しい関係が長続きするでしょう。

あなたの気になる相手との相性を、２４８～２５１ページの「スーパー相性ナビ」でチェックしてみましょう。

表の見方　男性は横軸、女性は縦軸です。60分類の自分のキャラクターナンバーと気になる相手のキャラクターナンバーの交わるところが相性の点数です。

男／女	31	32	33	34	35	36	37	38	39	40	41	42	43	44	45	46	47	48	49	50	51	52	53	54	55	56	57	58	59	60
1	22	7	87	45	38	95	55	70	77	10	90	50	18	5	85	97	78	48	25	63	62	12	68	27	17	1	60	58	65	23
2	7	18	62	38	8	73	100	47	55	33	43	90	5	30	58	82	93	68	83	25	53	52	32	87	3	27	97	88	12	45
3	88	60	17	35	53	80	77	98	43	30	22	3	87	73	15	32	18	100	63	67	25	23	75	7	65	70	10	95	68	85
4	47	22	43	18	70	85	10	20	93	48	8	77	83	88	40	50	60	90	98	55	35	33	7	82	80	57	32	30	100	92
5	25	33	60	85	45	63	22	32	57	1	10	53	80	42	58	88	28	50	92	93	38	3	13	78	77	40	37	90	17	98
6	93	65	15	92	53	42	18	62	8	60	97	27	82	73	13	90	30	23	35	67	1	58	75	38	80	70	10	88	68	33
7	20	100	77	47	38	30	18	8	70	40	80	93	13	63	73	43	78	50	10	7	57	97	65	25	12	60	55	53	58	22
8	90	52	98	40	10	83	5	20	65	33	43	80	100	32	68	37	13	78	3	27	62	60	95	48	88	28	58	57	12	45
9	78	62	48	93	55	8	77	58	43	38	25	10	67	98	47	87	22	3	92	68	30	28	75	100	65	72	27	85	70	5
10	45	25	38	15	1	63	42	22	35	47	85	88	80	55	93	13	7	72	78	52	33	17	57	92	98	53	32	12	5	77
11	88	18	38	7	30	97	75	17	33	63	52	55	92	12	35	1	50	53	80	10	72	87	27	82	90	93	70	8	23	78
12	47	75	5	70	57	10	93	73	45	92	65	23	32	40	3	67	97	15	28	33	82	80	42	18	30	37	1	78	35	13
13	28	3	62	80	70	33	25	100	58	15	67	20	48	7	60	77	63	93	42	88	23	10	92	47	45	5	87	97	50	40
14	5	17	82	57	13	68	50	23	98	53	28	83	8	45	78	87	12	22	100	40	65	63	47	90	7	42	62	92	95	60
15	92	60	17	38	52	85	73	57	43	93	23	3	90	70	15	35	20	87	63	98	28	27	72	7	88	67	10	25	65	100
16	97	88	38	47	67	85	10	22	32	42	1	73	82	55	35	20	57	70	15	50	95	30	7	80	78	53	28	17	52	75
17	72	93	40	92	32	47	70	42	37	8	15	97	82	27	38	85	22	52	75	23	67	1	12	80	78	25	65	87	17	73
18	48	80	100	90	63	18	45	77	3	73	72	53	95	38	10	75	68	50	25	32	8	85	97	30	28	35	15	83	33	23
19	12	38	65	98	83	42	17	3	82	75	70	25	15	100	63	78	68	23	45	5	90	32	52	95	13	48	30	28	92	43
20	90	28	85	58	93	75	5	17	80	53	32	25	92	47	98	57	12	23	7	43	72	70	48	65	100	45	68	67	15	62
21	65	60	35	25	48	1	63	57	13	22	83	68	30	75	32	93	80	8	87	70	17	43	77	28	27	98	42	90	72	3
22	65	62	40	12	3	53	97	60	33	17	77	87	32	72	37	10	1	67	28	88	45	20	92	85	30	70	95	15	8	27
23	88	10	80	7	38	68	47	95	75	82	32	23	92	22	77	5	30	97	57	18	65	63	45	60	90	20	62	1	42	55
24	32	37	8	85	77	13	30	33	100	88	72	23	48	55	7	82	68	10	95	50	28	27	57	47	45	52	3	25	97	15
25	18	3	63	82	72	43	33	37	62	98	68	25	22	7	85	78	65	23	50	100	30	10	92	53	20	5	88	28	55	95
26	1	17	77	83	12	63	80	23	70	50	95	78	7	20	73	82	10	22	85	42	98	60	45	88	5	18	58	90	15	57
27	88	97	13	23	47	80	60	55	30	18	77	1	87	70	12	20	75	90	27	63	40	95	72	5	85	67	17	38	65	83
28	72	65	95	17	55	82	13	63	33	20	8	75	97	92	37	23	83	87	10	77	50	48	1	30	28	90	47	45	88	85
29	67	33	87	100	50	82	63	30	17	5	42	28	75	95	85	92	38	25	18	53	15	7	60	97	73	57	77	20	55	70
30	88	32	13	83	98	38	25	28	7	80	70	18	90	55	100	92	67	17	45	50	3	22	57	48	95	53	10	87	52	43

恋愛を勝ち抜く「スーパー相性ナビ」

男 女	1	2	3	4	5	6	7	8	9	10	11	12	13	14	15	16	17	18	19	20	21	22	23	24	25	26	27	28	29	30
1	52	80	47	13	67	93	20	8	88	75	73	57	35	40	43	98	72	53	30	3	92	83	42	33	32	100	82	15	37	28
2	92	42	40	60	28	85	1	17	35	80	13	50	78	23	37	57	95	48	72	15	67	65	10	77	75	22	98	63	20	70
3	40	20	37	47	72	5	38	97	13	42	62	78	83	55	33	45	58	1	90	48	12	28	57	92	82	52	27	93	50	8
4	15	62	53	42	5	78	75	58	95	37	23	87	13	72	52	38	3	45	97	67	28	17	73	65	12	68	27	25	1	63
5	55	30	87	7	18	75	52	27	82	100	35	23	68	47	83	5	12	20	62	95	73	72	48	67	65	43	70	8	15	97
6	95	32	7	78	72	37	25	28	12	83	98	20	47	55	5	77	63	17	87	48	100	85	57	45	43	52	3	22	50	40
7	17	1	48	75	62	23	15	90	42	68	88	95	35	5	45	72	67	52	28	85	83	98	87	33	32	3	92	82	37	27
8	7	18	97	70	30	47	92	42	35	63	15	55	1	17	38	67	50	53	87	22	77	75	93	85	8	25	73	72	23	82
9	88	23	18	95	73	12	42	20	40	90	63	7	83	97	17	45	60	13	80	50	37	35	57	1	82	53	33	32	52	15
10	75	83	50	37	100	90	73	58	48	18	3	43	67	87	95	20	23	40	62	68	30	10	8	65	97	70	28	27	82	60
11	57	22	68	37	25	98	85	20	65	3	42	77	48	15	67	100	40	73	83	13	62	5	32	47	45	95	60	58	28	43
12	48	63	72	88	38	17	95	62	8	43	77	22	85	58	68	87	98	20	27	52	7	50	60	12	83	55	100	90	53	25
13	22	65	82	13	90	43	18	1	75	57	30	27	38	72	78	12	83	95	17	8	55	53	73	37	35	68	52	98	85	32
14	85	27	58	80	43	88	3	18	97	75	10	52	73	38	55	77	25	48	1	20	35	33	15	72	70	37	32	30	93	67
15	42	22	40	47	68	5	83	18	13	95	62	75	82	53	37	45	58	8	77	97	12	33	55	80	78	50	32	30	48	1
16	98	58	48	37	5	77	72	90	43	18	100	83	13	68	45	33	3	40	62	63	93	27	87	92	12	65	25	23	8	60
17	55	95	63	5	10	77	53	50	60	88	20	98	90	33	62	3	18	68	45	28	58	100	35	48	83	30	57	7	13	43
18	55	70	1	42	37	27	52	67	13	87	82	47	93	65	7	40	78	43	92	58	12	88	98	22	20	62	5	57	60	17
19	27	7	88	97	50	47	10	67	77	60	80	35	22	1	87	62	37	33	18	72	58	57	85	93	20	8	55	53	73	40
20	3	18	60	83	95	63	88	30	55	78	10	52	8	22	97	82	27	50	87	40	38	37	13	77	1	20	35	33	42	73
21	92	82	12	33	73	100	67	78	23	88	62	7	55	50	10	95	58	20	53	45	40	38	52	5	85	97	15	37	47	18
22	68	75	25	38	90	83	98	73	22	13	7	63	58	50	23	35	100	82	52	47	43	18	5	57	55	48	93	42	78	80
23	25	12	53	78	43	58	87	93	50	8	28	48	73	17	52	85	27	98	83	13	35	3	40	72	70	15	33	100	37	67
24	90	70	92	65	53	43	22	67	1	63	38	12	42	78	83	87	35	17	93	73	5	62	80	20	40	75	60	58	98	18
25	27	67	83	15	90	52	17	8	77	97	40	35	48	73	80	13	38	32	42	1	60	58	75	47	45	87	57	12	70	93
26	100	28	55	75	43	87	3	27	52	92	93	48	68	40	53	72	25	47	8	35	97	33	13	67	65	38	32	30	37	62
27	62	98	25	33	68	3	92	73	10	28	58	100	53	48	22	32	57	8	78	42	15	93	50	82	52	45	37	35	43	7
28	15	80	93	38	7	27	73	78	22	32	67	70	98	57	25	35	5	68	60	52	43	18	100	62	12	53	42	40	3	58
29	88	40	13	1	58	72	27	37	68	23	35	65	83	93	12	8	32	62	80	45	43	90	52	98	22	48	10	3	47	78
30	20	68	8	63	97	47	85	65	15	82	33	27	42	77	1	62	30	23	37	72	12	60	78	40	93	75	5	58	73	35

男 \ 女	31	32	33	34	35	36	37	38	39	40	41	42	43	44	45	46	47	48	49	50	51	52	53	54	55	56	57	58	59	60
31	20	90	45	67	78	93	48	8	40	63	62	53	13	35	42	98	82	52	18	3	77	75	37	30	12	100	73	72	32	28
32	88	45	43	68	12	48	1	20	37	85	53	57	92	28	40	65	95	55	8	23	73	87	30	82	90	25	98	72	10	78
33	38	22	37	43	68	5	83	97	13	40	58	75	82	52	33	88	55	1	92	45	12	30	53	80	78	48	28	93	47	8
34	72	52	47	32	5	75	68	92	95	17	87	38	60	65	43	13	3	35	97	62	23	22	83	58	57	63	20	10	1	53
35	85	12	77	7	40	67	50	10	73	100	33	25	88	22	75	5	32	23	58	95	65	80	47	62	87	20	63	8	43	97
36	95	35	7	85	75	22	30	32	90	80	98	17	43	52	5	82	67	10	88	45	100	87	53	25	42	48	3	28	47	15
37	20	1	48	70	60	27	52	88	45	15	65	95	18	5	47	67	63	53	35	40	77	98	80	38	17	3	92	75	42	33
38	7	18	97	65	12	43	73	40	33	60	50	85	1	27	37	87	15	52	83	22	70	68	93	92	8	23	67	88	10	77
39	42	22	15	95	73	90	40	18	37	43	63	7	87	97	13	45	60	77	83	50	33	32	57	1	85	53	12	30	52	82
40	75	63	53	42	100	82	13	62	48	37	3	47	70	90	95	40	22	83	12	72	28	27	8	68	97	88	25	17	87	85
41	57	52	65	37	17	98	83	50	62	3	22	75	48	32	63	100	20	72	85	28	60	5	13	47	45	95	58	87	30	43
42	55	72	13	88	40	28	95	70	8	45	82	48	25	67	12	85	98	47	18	60	7	58	68	23	22	63	100	57	62	17
43	10	90	73	53	87	35	17	1	67	48	27	23	78	62	70	52	25	95	77	8	47	45	63	32	13	58	43	98	57	28
44	17	37	62	83	13	65	3	33	97	23	32	57	22	47	60	80	10	53	1	18	42	87	48	78	77	43	40	38	93	73
45	43	25	40	80	67	5	42	22	13	95	60	20	78	52	37	87	57	8	92	97	12	33	53	77	75	48	32	85	47	1
46	98	53	45	13	5	75	68	50	38	27	100	37	62	65	42	17	3	33	57	88	93	22	92	87	60	63	20	10	8	55
47	58	95	67	5	25	78	57	22	63	85	40	98	50	18	65	3	38	72	43	15	62	100	32	48	47	17	60	7	28	42
48	52	70	1	43	35	12	50	67	75	38	83	22	93	65	7	40	80	20	23	58	57	55	98	18	25	62	5	53	60	10
49	17	7	85	97	53	47	25	92	77	13	90	33	22	1	78	62	37	32	40	68	60	12	73	93	20	8	58	57	70	38
50	3	32	62	92	95	65	87	28	57	80	27	52	8	18	97	83	10	50	75	40	38	37	42	78	1	17	35	33	13	73
51	73	87	12	30	78	100	70	83	20	27	63	7	57	48	10	95	60	65	53	43	37	35	50	5	55	97	15	33	45	52
52	73	90	28	38	83	80	98	78	22	33	7	68	63	55	25	18	100	67	13	50	43	42	5	62	60	53	93	20	52	57
53	25	30	55	87	20	60	83	93	52	8	10	48	75	40	53	78	27	98	68	37	35	3	18	73	72	38	33	100	17	67
54	22	73	15	92	58	48	18	70	1	67	37	28	45	82	13	68	33	25	93	77	5	65	83	43	42	78	12	63	98	38
55	10	90	75	58	78	40	23	8	83	97	35	33	13	67	72	57	77	32	18	1	53	52	68	38	20	63	50	48	62	93
56	100	30	58	80	13	62	3	27	53	73	93	50	92	40	57	77	10	48	8	17	97	35	42	72	90	37	33	32	12	68
57	72	98	33	92	78	3	25	83	10	37	67	100	62	55	30	40	65	8	58	48	15	93	57	22	60	52	43	42	50	7
58	77	83	93	13	7	28	73	92	18	33	85	68	98	53	22	12	5	65	57	48	42	40	100	62	60	50	38	15	3	55
59	82	15	58	1	47	62	25	13	55	87	30	52	75	93	57	8	28	50	72	17	38	37	43	98	85	18	35	3	40	70
60	23	65	8	58	97	13	82	62	78	85	35	18	40	73	1	57	32	12	37	68	55	83	75	22	93	72	5	53	70	20

恋愛を勝ち抜く「スーパー相性ナビ」

男 女	1	2	3	4	5	6	7	8	9	10	11	12	13	14	15	16	17	18	19	20	21	22	23	24	25	26	27	28	29	30
31	22	7	68	43	33	95	15	87	65	38	92	50	27	5	88	97	70	47	10	85	58	57	80	25	17	1	83	55	60	23
32	7	22	70	42	27	80	100	52	63	35	15	77	5	18	67	38	93	75	83	32	62	60	13	50	3	17	97	58	33	47
33	90	57	17	35	50	77	73	98	42	87	23	3	62	70	15	32	20	100	60	63	27	25	72	7	85	67	10	95	65	18
34	40	85	33	45	82	55	37	18	93	15	8	70	80	90	30	42	50	67	98	48	28	12	7	78	77	88	27	25	100	73
35	27	15	57	92	45	60	83	13	53	1	30	52	72	18	55	90	28	48	82	93	37	3	42	70	68	17	35	78	38	98
36	93	68	92	63	50	23	27	65	8	60	97	12	40	77	83	62	33	18	37	70	1	58	78	13	38	73	57	55	72	20
37	55	100	72	12	78	37	22	8	83	43	73	93	32	87	68	10	90	50	25	7	58	97	62	30	28	85	57	13	82	23
38	82	48	98	38	25	90	5	20	62	78	13	75	100	32	63	35	42	72	3	17	58	57	95	47	45	30	55	53	28	80
39	80	62	48	93	55	8	78	58	17	35	23	88	67	98	47	38	20	3	92	68	10	28	75	100	65	72	27	25	70	5
40	10	23	43	52	1	67	45	20	38	18	65	92	15	58	93	50	7	73	78	55	35	33	60	80	98	57	32	30	5	77
41	90	42	38	7	12	97	73	40	33	88	23	55	82	27	35	1	15	53	78	25	70	68	18	80	92	93	67	8	10	77
42	50	80	5	77	65	20	93	78	10	90	73	53	33	42	3	75	97	52	87	35	15	92	43	32	30	38	1	83	37	27
43	75	3	82	72	60	30	12	100	50	65	92	18	40	7	80	68	55	93	15	85	22	20	88	38	37	5	83	97	42	33
44	5	30	85	90	45	75	55	28	98	58	12	27	8	52	82	88	35	25	100	50	72	70	15	67	7	20	68	92	95	63
45	90	58	17	38	50	73	72	55	45	93	27	3	82	68	15	35	23	18	62	98	30	83	70	7	88	65	10	28	63	100
46	97	82	32	43	90	58	35	18	28	15	1	70	80	85	30	40	52	67	73	47	95	12	7	78	77	83	25	23	48	72
47	75	93	37	88	30	45	73	20	33	8	53	97	83	13	35	87	52	55	92	10	70	1	27	82	80	12	68	90	23	77
48	47	82	100	88	63	17	45	78	3	73	72	15	95	37	42	77	68	48	28	30	8	85	97	13	87	33	92	90	32	27
49	35	88	65	98	72	42	18	3	82	75	67	27	50	100	63	15	83	23	45	5	87	30	55	95	48	80	28	10	52	43
50	53	25	85	60	93	77	5	23	82	55	12	22	88	48	98	58	30	20	7	43	72	90	15	67	100	47	70	68	45	63
51	68	62	32	22	47	1	67	58	13	18	88	72	25	80	28	93	85	8	90	75	17	42	82	92	23	98	40	38	77	3
52	15	65	40	27	3	58	97	87	35	17	92	72	12	77	37	23	1	70	32	82	48	47	88	85	10	75	95	45	8	30
53	50	28	82	7	13	70	47	95	77	85	32	23	90	45	80	5	12	97	58	42	65	92	22	62	88	43	63	1	15	57
54	30	35	8	88	80	40	27	32	100	85	75	20	53	60	7	87	72	17	95	55	10	90	62	52	50	57	3	23	97	47
55	17	3	82	73	65	37	12	87	55	98	92	25	45	7	80	70	60	22	15	100	30	28	88	43	42	5	85	27	47	95
56	1	25	82	85	38	70	83	23	75	52	95	22	7	47	78	55	28	20	87	43	98	67	15	63	5	18	65	88	45	60
57	70	97	13	32	53	20	68	63	38	27	87	1	90	80	12	28	85	23	35	73	47	95	82	5	88	77	17	45	75	18
58	70	88	95	23	52	58	67	63	35	10	8	75	97	90	37	20	82	72	27	78	47	17	1	32	30	87	45	43	80	25
59	53	12	80	100	42	73	83	10	77	5	33	27	65	95	78	88	32	23	90	20	68	7	48	97	63	22	67	92	45	60
60	28	33	60	92	98	38	27	30	7	77	67	10	90	50	100	80	63	17	43	45	3	25	52	15	95	48	88	87	47	42

60動物のキャラを見ると、MOON、EARTH、SUNの3分類、
10のリズムもわかります。

Field 大地	Metal 鉱脈	Jewelry 宝石	Ocean 海洋	Rain drop 雨露
6 愛情あふれる虎	7 全力疾走するチータ	8 磨き上げられたたぬき	9 大きな志をもった猿	10 母性豊かな子守熊
16 コアラのなかの子守熊	17 強い意志をもったこじか	18 デリケートなゾウ	19 放浪の狼	20 物静かなひつじ
26 粘り強いひつじ	27 波乱に満ちたペガサス	28 優雅なペガサス	29 チャレンジ精神の旺盛なひつじ	30 順応性のある狼
36 好感のもたれる狼	37 まっしぐらに突き進むゾウ	38 華やかなこじか	39 夢とロマンの子守熊	40 尽くす猿
46 守りの猿	47 人間味あふれるたぬき	48 品格のあるチータ	49 ゆったりとした悠然の虎	50 落ち込みの激しい黒ひょう
56 気どらない黒ひょう	57 感情的なライオン	58 傷つきやすいライオン	59 束縛を嫌う黒ひょう	60 慈悲深い虎

60分類キャラクターとリズム、MOON、EARTH、SUN対応表

Big tree 大樹	Grass 草花	Sunshine 太陽	Candle light 灯火	Mountain 山岳
1 長距離ランナーのチータ	2 社交家のたぬき	3 落ち着きのない猿	4 フットワークの軽い子守熊	5 面倒見のいい黒ひょう
11 正直なこじか	12 人気者のゾウ	13 ネアカの狼	14 協調性のないひつじ	15 どっしりとした猿
21 落ち着きのあるペガサス	22 強靭な翼をもつペガサス	23 無邪気なひつじ	24 クリエイティブな狼	25 穏やかな狼
31 リーダーとなるゾウ	32 しっかり者のこじか	33 活動的な子守熊	34 気分屋の猿	35 頼られると嬉しいひつじ
41 大器晩成のたぬき	42 足腰の強いチータ	43 動きまわる虎	44 情熱的な黒ひょう	45 サービス精神旺盛な子守熊
51 我が道を行くライオン	52 統率力のあるライオン	53 感情豊かな黒ひょう	54 楽天的な虎	55 パワフルな虎

［著者紹介］

弦本將裕（つるもと　まさひろ）　8 磨き上げられたたぬき

1957年4月29日生まれ。A型。学習院大学法学部卒業。一般社団法人 個性心理學研究所総本部 理事長、個性心理學研究所 所長、株式会社キャラナビ・ドット・コム 代表取締役。これまでに、上場企業はじめ全国の法人・病院・歯科医院等を個性心理學理論で指導。認定講師の育成も行なっている。主な著書に『60パターンですべてがわかる動物キャラナビ』『最新改訂版「性格＆相性」まるごとわかる動物キャラナビ』『最新改訂版 血液型別動物キャラナビ』（以上、日本文芸社）、『動物キャラナビ［バイブル］』『動物キャラナビ［お仕事編］』（以上、集英社）、『こどもキャラナビ』（世界文化社）、『杉の木の両親と松の木の子ども』（しちだ教育研究所）などがある。

●個性心理學研究所® 公式サイト
http://www.noa-group.co.jp/

●動物キャラナビ スマートフォンサイト
http://smart.60chara.jp/

［イラスト］

西川伸司（にしかわ しんじ）　21 落ち着きのあるペガサス

1964年10月2日生まれ。AB型。1988年『土偶ファミリー』でデビュー。翌年公開の映画『ゴジラvsビオランテ』以降、東宝製作の特撮映画におけるキャラクターデザインや絵コンテも手がけている。96~98年、NHKのTVアニメーション「YAT安心！宇宙旅行」に原案として参加、今に至る。

［制作スタッフ］

カバーデザイン／藤塚尚子（ISSIKI）　29 チャレンジ精神の旺盛なひつじ
本文デザイン／玉造能之（ISSIKI）　32 しっかり者のこじか
編集協力／峯澤美絵　60 慈悲深い虎

人間関係《にんげんかんけい》のイライラがゼロになる！
個《こ》性《せい》心《しん》理《り》学《がく》

2017 年 4 月 20 日　第 1 刷発行
2025 年 6 月 10 日　第 8 刷発行

著　者
弦本將裕
発行者
竹村 響
DTP
ISSHIKI
印刷所
TOPPANクロレ株式会社
製本所
TOPPANクロレ株式会社
発行所
株式会社日本文芸社
〒100-0003　東京都千代田区一ツ橋 1-1-1　パレスサイドビル 8F

＊
乱丁・落丁などの不良品、内容に関するお問い合わせは
小社ウェブサイトお問い合わせフォームまでお願いいたします。
ウェブサイト　https://www.nihonbungeisha.co.jp/

Printed in Japan　ISBN978-4-537-21464-2
112170403-112250602 Ⓝ 08　(310028)
編集担当　水波 康　7 全力疾走するチータ

※ QR コードを読み取っての WEB ページ閲覧機能は、予告なく終了する可能性がございます。
（QR コード掲載がある場合）
※ QR コードは株式会社デンソーウェーブの登録商標です。